여규병

30년 넘게 말글을 돌본 사람.

교육 전문지 취재기자로 일하다 일간지 교열기자의 길에
들어서서 30년 가까이 한길을 걸었다. 『일간스포츠』 기자를
거쳐 『동아일보』 어문연구팀·콘텐츠연구팀 팀장을 지냈다.
동아일보 재직 중에는 기자들을 대상으로 수시로 글쓰기 교육을
하고 기사 작성 지침서인 '동아일보 스타일북' 편집에 참여했다.
동아일보 기자 블로그인 '저널로그'에 '말글 돋보기'라는
이름으로 말글 관련 글을 연재했으며, 현재도 네이버 블로그
'말글 돋보기'를 운영한다. 국립국어원 표준어사정심의위원회 및
말다듬기위원회 위원, 『새국어생활』 편집위원 등으로 활동하고,
정부-언론 외래어심의위원회 부위원장으로서 외래어 표기를
정비하는 데 기여했다. 현재는 한국고전번역원 교정위원으로
한문과 씨름하고 있다.
십수 년 동안 국립국어원 국어문화학교에서 강의했으며
한국언론진흥재단에서 언론인 교육 교재 『올바른
기사문장론』을 공동 집필하고 강의했다. 한국금융투자협회
금융투자교육원 강의를 맡았으며 그 인연으로 몇몇 증권사에서
금융보고서 바르게 쓰기를 주제로 특강을 하기도 했다.
이 밖에도 고려대학교 국어국문학과 대학원생을 대상으로
특강하는 등 몇몇 대학에서 글쓰기를 주제로 특강을 했다.
잘못 쓰는 우리말 1만3000여 개를 표제어로 담아 펴낸
『긴가민가할 때 펼쳐 보는 바른 말 사전』(한울, 2010)은
문화체육관광부 '우수교양도서', 대한출판문화협회 '올해의
청소년 도서'로 선정되기도 했다.
blog.naver.com/3springs

우리말 궁합 사전

우리말
궁합 사전

모르면 틀리는
한국어 단짝
표현 100

여규병 지음

유유

일러두기

1. 이 책에 수록된 표현을 사전처럼 가나다순으로 읽으려면
   찾아보기를 참고하세요.

2. 책을 읽기 전 수록된 표현을 한눈에 살피며 동시에 우리말
   단짝 표현을 얼마나 알고 있는지 스스로 점검해 보려면
   부록2 시작 전 자가 테스트부터 풀어 보세요.

3. 책에서 다룬 낱말의 뜻풀이 가운데 출전을 밝히지 않은 것은
   표준국어대사전의 뜻풀이를 활용했음을 밝힙니다.

## 들어가는 말
### 뜻을 낱낱이 알아야
### 궁합을 맞출 수 있는 우리말 표현

현업에서 물러나고, 더 나아가 은거한답시고 경기도 김포시의 한 모퉁이에 정착한 지 2년쯤 되었을 때다. 한자에 익숙지 않은 젊은이들이 뜻을 제대로 이해하지 못한 채 낱말을 잘못 조합하여 바람직하지 않을 뿐만 아니라 엉뚱하고 어색해질 수밖에 없는 표현, 다시 말해 어휘의 '궁합'이 잘못된 표현을 모아 보자는 유유출판사의 제안에 덜컥 동의하고 말았다. 코로나19가 온 세상을 발칵 뒤집어 놓던 그 시기, 모두가 불안해하고 초조해하는 중에 그 분위기에서 벗어나려고 조바심 내던 나머지 '은거'의 의미마저 망각한 게 틀림없다. 그 밑바탕엔 얄팍한 꼼수도 깔려 있었다. 졸저『긴가민가할 때 펼쳐 보는 바른 말 사전』에 실린 수많은 오류 사례를 뼈대로 삼아 살 좀 붙이면 된다는 꼼수 말이다.

게다가 우연찮게 한국고전번역원의 교정위원이 되어 고전의 원문을 한 자 한 자 대조해 가며 번역문을 2년 넘게 살펴보던 터였으니 유유에서 제안한 이 일을, 우리말 용법에도 제법 밝고 한자도 조금은 안다고 할 만한 내가 적임자 아니겠느냐는 턱도 없는 자만심이 불쑥 솟아올랐던 모양이다.

잘못 쓰는 표현에 고유어와 한자어를 구분할 필요가 있겠는가마는 이 책에서는 한자어의 뜻을 제대로 알지 못하여 저지르는 실수로 한정해 무엇이 문제인지를 따져 보고 대안을 제시하는 식으로 각각의 글을 구성하려고 노력했다.

누구나 잘 알듯이 한자는 뜻글자다. 한자로 이루어진 낱말은 각각의 한자가 뜻하는 바의 결합이다. 또 사자성어뿐 아니라 두세 글자로 이루어졌더라도 그 나름의 유래가 있어 한자의 단순 조합을 넘어서는 낱말이 많다. 따라서 한자의 뜻을 낱낱이 알지 못해서, 또 유래를 몰라서 실수하기 십상이다.

어느 한 사람의 실수가 그이만의 실수로 끝나면 그나마 다행이겠지만 그이가 제법 영향력 있는 사람이어서 다른 이들이 부지불식간에 그 실수를 좇는 바람에 잘못된 표현이 일파만파로 번져 나가기도 한다. 인정하고 싶지 않지만 문제 있는 표현이 우리 말글살이에 뿌리내리는 데는 필자가 오랜 세월 몸담았던 언론도 한몫한다. 신문과 방송, 요즘은 인터넷 언론까지 가세하여 잘못된 표현을 무분별하게 사용함으로써 말글살이에 바람직하지 않은 영향을 끼치고 문제를 키우곤 한다. 예컨대 최근 뭔가 좀 특출나다 싶으면 양념이라도 되는 듯이 쓰는 '역대급'이라는 모호한 표현이 인터넷 언론과 방송을 도배하다시피 하고, 그나마 보수 성향을 띠는 종이 신문에서도 넘쳐 난다. 또 누군가를 북한으로 납치해 간 범죄인을 지칭하여야 할 '납북자'는 납치 피해자를 일컫는 말로 둔갑하여 전파를 타고 지면에 오른다.

이러한 까닭에 언론인의 글쓰기를 겨냥할 수밖에 없었다. 언론이 눈길조차 주지 않으면 잘못된 표현은 절로 힘이 빠지게 된다는 것을 경험으로 알고 있기 때문이다. 이 책에 실은 예문은 대부분 뉴스를 검색하여 추려 냈다. 다만 독자가 이해하는 데 도움이 되지 않고, 주제와 관계없는 일부 내용과 오류는 덜어 내고 다듬었음을 밝혀 둔다.

이 책은 필자가 30여 년 동안 때로는 기사를 쓰면서,

때로는 타인의 글을 손보면서 고민한 내용을 바탕으로 했다. 그중에는 너무도 뿌리 깊은 관행이 되어 이제는 어찌해 볼 수 없을 듯한 표현도 있다. 또 유행한 지 얼마 되지 않아 너나없이 조금만 신경 쓰면 바로잡을 수 있을 듯한 표현도 있다. 대부분은 잘못이라는 사실을 알기만 하면 곧바로 바로잡게 될 표현이라고 믿는다. 뿌리 깊은 관행이라도 시시비비를 한번 따져 봄으로써 언어는 끊임없이 변한다는 핑계에 기대어 잘못을 이어가는 데에 조금이라도 제동을 걸 수 있기를 바라 본다.

한자어의 뜻을 제대로 알지 못해 실수하느니 되도록 쉬운 고유어를 쓰기를 적극 권한다. 그래도 한자어를 쓰고자 한다면 틈날 때마다 국어사전을, 더 나아가 자전을 펼쳐 보기를 역시 적극 권한다.

원고를 마감하며 생각해 본다. 200여 년 전 다산 정약용은 『아언각비』를 지어 그 시절의 잘못된 말글살이를 바로잡고자 했으나 그 뜻을 제대로 이루지 못했다. 대학자도 그러할진대 이 책이 과연 얼마나 우리 말글살이에 도움이 될 수 있을지 가늠하기 어렵다. 하지만 한두 가지일지언정 공감을 얻고 또 바로잡힌다면 그 보람은 더할 나위 없겠다. 꼭 그렇게 되기를 두 손 모아 바란다.

어수선한 원고의 갈래를 잡고 다듬는 수고를 마다 하지 않은 유유출판사 식구들에게, 특히 담당자로서 무진 애를 써 준 사공영 씨에게 고맙다는 말씀을 전한다. 유유에 필자로 추천하고 응원해 주신 황치영 선생님과 질책 아닌 질책을 했지만 늘 바른 표현을 고민하는 언론인 여러분에게 이 책을 헌정한다.

30대인 나의 딸과 아들은 이 책을 어떻게 평가할지 문득 궁금증이 인다.


2024년 어느 봄밤에
안개 자욱한 은여울공원을 내려다보며
여규병

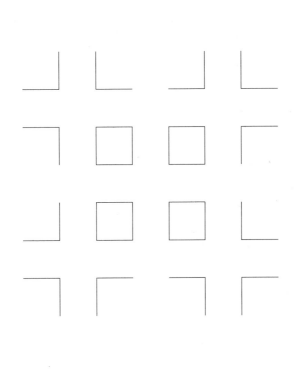

# 1장    낱낱을 모르면 맞추기 어려운 궁합

## 2장　　조건이 맞지 않아 삐그덕대는 궁합

## 3장  대충 알면 끝까지 헷갈리는 궁합

1장
낱낱을 모르면
맞추기 어려운
궁합

# 금도 + 넘어서다

禁 금할 금  度 법도 도

정치인들이 흔히 입에 올리는 말 가운데 '금도'가 있다. 서로 티격태격하면서 상대방에게 자제할 것을 요구할 때 쓰곤 한다. 상대방이 자신, 또는 자기편을 공격하는 정도가 지나치다고 여기면 '금도를 지켜라'라고 한다. 참기 어려울 만큼 못마땅함을 표현할 때는 '금도를 넘었다'라고도 한다. "명백한 정치적 보복 수사를 두고 같은 당 안에서 사법 리스크를 운운하는 자체가 금도를 넘어섰다"처럼 표현한다.

정치인뿐만이 아니다. 신문 방송에 등장하는 칼럼니스트의 글, 전문가의 해설에서도 '금도'를 어렵지 않게 접할 수 있다. 자주 접하면 나도 모르게 쓰게 되는 법. 어느새 일반인도 자연스럽게 입에 올린다.

문제는 이 '금도'가 사전에 없다는 점이다. 정확히 말하면 사전에 '금도'는 여럿 있지만 이런 상황에 들어맞는 말이 없다. 아마도 이 말을 '禁度'쯤으로 상정하고 쓰는 것일 테다. 그러나 '禁度'는 국어사전은 물론이고 자전에도 없다. '禁度'를 한자 그대로 풀이한다고 하더라도 '금지하는 정도'가 될 테니 이러나저러나 상황에 맞지 않는 어색한 표현일 수밖에 없다. 이처럼 사전에 없는 '금도' 대신 쓸 말은 여럿 있다. '도(度)/선(線)/한도(限度)/한계(限界)' 같은 말이다. 이런 말 모두 '지키다' '넘다' 같은 말들과 어울릴 수 있다.

㉮ 비주류 중심의 반발에 "**도를 넘는** 내부 총질이 황당하다"라며 대표를 엄호하는 목소리도 이어졌다. **O**

㉯ 제도권 내 국회의원이 이런 일을 벌인 건 **금도를 넘어선** 일이다. **X**

㉰ 아무리 누군가를 띄워 주고 싶어도 정치적인 **금도가 있는** 겁니다. **X**

㉱ 정치에도 최소한의 예의와 **금도가 필요한** 겁니다. **X**

㉲ 과거 정치권에서는 배우자나 자식들 문제는 건드리지 않는 **금도를 지켜 왔다.** **X**

'금도(襟*度)'라고 한자를 병기하기도 한다. 이때의 '금도'는 도를 넘고, 선을 넘고, 한계를 넘는다고 할 때의 도/선/한계의 뜻이 아니다. '襟'은 옷깃을 뜻하는 한자로 마음, 생각을 뜻하기도 한다. '度'는 도량, 국량을 뜻한다. 그래서 '금도'는 '다른 사람을 포용할 만한 도량'이다. 이 '금도'는 '병사들은 장군의 장수다운 배포와 금도에 감격했다'처럼 쓴다. 또 '있다/없다/베풀다/보이다' 같은 말과 말의 궁합을 맞출 수 있다.

---

\* 옷깃 금

# 애환 + 달래다

哀 슬플 애　歡 기쁠 환

소주나 막걸리 같은 술을 다룬 글들을 보면 '서민의 애환(哀歡)을 달래 주던 술'이란 표현이 많이 눈에 띈다. '애환을 위로해 주는'이라고 쓰거나 '애환과 환희'처럼 '애환'을 '기쁨'과 대비하여 표현하기도 한다.

'애환'이 나타내는 바는 무엇일까?

애환은 '슬픔과 기쁨'이다. 즉 '기쁨과 슬픔'을 나타내는 '희비(喜悲)'와 같은 말이다.

기쁨과 슬픔이라는 상반된 감정을 한데 묶은 '애환'을 달래고 위로할 수는 없는 법이다. 슬픔을 뜻하는 '애(哀)'는 달래고 위로할 대상이겠으나 기쁨을 뜻하는 '환(歡)'은 달래고 위로할 게 아니라 누려야 할 테다.

달동네라고 울고 싶은 일만 생기는 게 아니고, 한 채

에 수십억 원 나가는 서울 강남의 아파트촌이라고 해서 기쁜 일만 가득한 게 아닌 법이다. 부자든 가난뱅이든 살다 보면 기쁜 일도 생기고 슬픈 일도 겪기 마련이다. 삶이란 애환으로 점철되는 긴 여정인지도 모르겠다.

희비가 교차하고 애환이 서린 삶을 말이나 글 따위로 '풀어낼' 수는 있겠지만 '달래고 위로할' 수는 없다. '이 소설은 서민 삶의 애환을 잘 풀어냈다'처럼 쓰면 되겠다.

화, 향수, 비애, 아픔, 고통, 울분, 괴로움 같은 느낌이나 감정이라야 달랠 수도 있고 위로할 수도 있는 법이다.

㉮  소양강댐 건설 50주년을 맞아 수몰 지역 실향민의 **애환을 위로하는** '실향비'가 설치됐다. ❌

㉯  민중의 **애환**과 액운을 **씻어 내는** '씻김굿'을 의례가 아닌 국악 공연으로 볼 기회가 찾아온다. ❌

㉰  **애환 달래 주던** 소주 '50년 동안 14배 가격 상승' ❌

㉱  삶의 **애환을 치유해 주는** 목소리. ❌

# 방문 + 접수

接 접할 접  受 받을 수

"1번 창구에서 접수(接受)하세요."

정부 기관이나 기업의 민원 담당 부시 등을 찾으면 안내하는 이들에게서 자주 듣는 말이다. 서류 등을 1번 창구에서 '접수'하라는 얘기다. 각종 공고나 민원 처리 방법 안내문 등에 흔히 등장하는 문구로 '방문 접수'도 있다.

'접수'는 '신청이나 신고 따위를 구두나 문서로 받음' '돈이나 물건 따위를 받음'을 뜻하는 말이다. 따라서 접수하는 주체는 돈이나 물건이나 서류 따위를 받는 쪽이다.

"1번 창구에서 접수하세요"라고 한다면 듣는 이에게 1번 창구에 가서 무언가를 받으라는 말이 된다. 듣는 이가 서류든 물건이든 무언가를 건네러 왔을 터인데 오히려 받으라고 하니 주객이 뒤바뀌는 형국이다.

'방문'은 '어떤 사람이나 장소를 찾아가서 만나거나 봄'을 이르는 말이니 '방문 접수'를 한다는 것은 해당 기관 등에서 직접 고객이나 민원인을 찾아가 당사자의 서류 등을 받아 오겠다는 뜻이 된다. 정말 그렇다면 참으로 친절하다고 우러러 칭송할 만할 터이다. 하지만 그렇게 생각했다간 큰코다치기 십상이다. 십중팔구 필요한 사람이 직접 해당 기관 등으로 직접 찾아와 처리하라는 뜻으로 쓰기 때문이다.

그럼 어떻게 써야 할까?

"1번 창구에서 접수하세요"는 "1번 창구에(에서) 내세요/신청하세요/신고하세요/제출하세요"처럼 쓸 수 있겠다. '방문 접수'는 '방문 제출/신청/신고'라고 하면 된다.

요즘은 택배 서비스를 이용해 보지 않은 사람이 없을 터이다. 자연히 택배 업체마다 서비스 질을 높이기 위한 경쟁이 치열하다. 그렇다 보니 정말 '방문 접수'를 한다. 비용에 약간의 차등을 두어 '방문 접수'와 '창구 접수'를 함께 하는 것이다. 한 곳의 광고 문구를 보니 "비대면 방문 택배 접수"라고 되어 있다. '저희가 방문하여 접수하겠다'라는 뜻으로 보여 이곳은 '접수'를 잘 이해한 줄 알았다. 그런데 이어지는 문구는 영락없다. "집에서 접수하고 요금 할인도 받으세요"라니 고객이 배달에 나서야 할 판이다.

심심찮게 볼 수 있는 '접수받다'라는 표현도 잘못이다. 앞에서 살펴보았듯이 '접수'는 '받는' 행위를 나타내는 말이니 '받는 행위'에 또 '받다'라는 말을 붙일 수 없다. '서류는 1번 창구에서 접수합니다'처럼 '접수하다'라고만 하면 충분하다.

㉮  이쪽으로 오세요. 제가 **접수해 드리겠습니다.** ◎

㉯  임업인들의 소득 증대를 위한 산림 소득 분야 보조 사업 신청을 읍면사무소를 통해 **접수를 받는다고** 10일 밝혔다. ✕

㉰  지원 신청은 신청서, 이행서약서 등 서류를 갖춰 주소지 행정복지센터에 **접수하면** 된다. ✕

㉱  신청 기한은 31일까지며 위택스를 이용하거나 군청 환경과에 직접 **접수하면** 된다. ✕

㉲  지원을 희망하는 소유자는 시청 건축과로 **방문 접수하면** 된다. ✕

# 수납 + 하다

## 收 거둘 수  納 들일 납

요즘은 현금을 주고받을 일이 별로 없다. 신용카드로 결제하는 것을 넘어 이른바 인터넷 뱅킹으로 결제며 송금이며 다 처리할 수 있다. 심지어 축의금 조위금도 손가락 몇 번 까딱거려 해결한다. 하지만 아직도 창구에서 직원과 마주 보며 결제해야 하는 곳도 있다. 예를 들어 병원이 그렇다. 병원에서 "진료비를 수납한 뒤 처방전을 받으세요"라고 안내하는 말을 들은 경험이 있을 것이다. 진료비는 의사가 진찰하고 치료해 준 대가로 환자가 내는 돈이므로 '진료비를 수납한 뒤'는 문맥으로 이해하자면 '진료비를 낸 뒤'를 뜻한다.

예컨대 병원의 '수납 창구'에서는 환자에게서 진료비를 받는다. 다시 말해 환자는 병원의 수납 창구에 진료비를 낸다. 그렇다면 '수납'은 '받음'과 '냄' 가운데 어느 쪽일까.

'수납(收納)'은 '돈이나 물품 따위를 받아 거두어들임'을 뜻한다. 따라서 '진료비를 수납하다'는 '진료비를 받다'라는 뜻이 된다. '진료비를 수납한 뒤 처방전을 받으세요'라고 하면 돈을 받아야 할 병원 측에다 되레 돈도 내놓고 처방전도 달라고 하라는 셈이니 어불성설이다. 이러한 현상은 세금을 받는 세무서나 공과금을 받는 관공서 등에서도 비슷하게 빚어진다.

세금이나 공과금 따위를 내는 것을 한자어로는 '납부(納付*)'라고 한다. 그러니까 '진료비를 수납한 뒤'는 '진료비를 납부한 뒤' '진료비를 낸 뒤'라고 해야 바른 표현이 된다.

이처럼 잘못 쓰게 되는 이유는 돈이나 서류를 서로 주고받는 창구를 '수납 창구'라고 하기 때문이지 싶다. 이용자가 아니라 관공서 등 서비스 제공자의 관점에서 용어를 선택한 탓이다.

㉮  NH농협은행은 모든 영업점에서 고향사랑기부금을 1건 이상 **수납했다고** 20일 밝혔다. ◉

---

*줄부

㉯ '병원 안심 동행'은 혼자 병원에 다니기 어려운 주민에게 병원 동행과 **접수, 수납** 등을 지원하는 서비스이다. Ⓧ

㉰ '진료비 하이패스 결제 서비스'는 창구에서 **수납하지** 않아도 등록된 카드로 자동 결제되는 방식이다. Ⓧ

'납부'는 '내는' 것이고, '수납'은 '받는' 것이다. '세금 납부/등록금 납부/납부 기한/수납 창구'처럼 쓰인다. 이 두 말은 내고 받는 것이 통상 돈으로 한정되기는 하지만 앞 장에서 살펴본 '접수'와 '제출'의 관계랑 비슷하다. '접수'를 '내는' 것으로 오해하는 것과 비슷하게 '수납'도 '내는' 것으로 오해하는 예가 많은 것이다.

이용자 중심의 용어를 사용하면 많은 사람이 말뜻을 제대로 이해하고 쓸 수 있을 듯하다. 민원실의 창구에 큼직한 글씨로 쓰인 '접수'를 '제출'로, '수납'을 '납부'로 바꾸자. 좀 더 쉽게 '서류 내는 곳/여권 신청하는 곳/세금 내는 곳/진료비 내는 곳'처럼 쓰면 더더욱 좋겠다.

# 안위 + 위태롭다

安 편안할 안　危 위태할 위

국가안위노심초사.

　안중근 의사가 만주 하얼빈 역에서 이토 히로부미를 사살하고 뤼순 감옥에 수감됐을 때 자신을 신문한 일본인 검찰관에게 써 준 글이다. 문화재청은 이 유묵의 내용을 "국가의 안위를 마음으로 애쓰고 속을 태움"이라고 풀이하고 있다. 나라가 안전할지 위태할지 걱정하며 애태운다는 뜻이다.

　안 의사의 유묵을 소개한 이유는 바로 '안위(安危)'라는 말을 살펴볼까 해서다.

　'안(安)'은 편안함이나 안전함을 나타내고 '위(危)'는 위험함이나 위태로움을 나타낸다. 따라서 '안위'는 말 그대로 '편안함과 위태함'을 아울러 이르는 말이다.

안위를 걱정하는 것은 편안한지 위태로운지 알 수 없어 근심스레 살피는 것이며, 안위를 물어보는 것은 편안한지 위태한지를 알아보는 것이다.

'안위를 돌보다'라는 표현도 눈에 띈다. '돌보다'는 관심을 가지고 보살피는 것이므로 '안위'와 '돌보다'의 조합은 의미상으로는 아무래도 어색하다. 하지만 '대통령은 국가의 안위를 돌볼 책임이 있다'라든가 '자신의 안위는 스스로 돌보아야 한다'처럼 굳어진 표현으로 쓰인다. '돌보다'와 앞말이 뜻하는 행동을 부정하는 보조동사 '않다'가 함께 쓰여 '안위를 돌보지 않다'라고 하면 더욱 자연스럽다. '안중근 의사는 자신의 안위는 돌보지 않고 나라의 독립을 위해 헌신했다.'처럼 말이다.

그런데 간혹 '안위가 위태하다/위험하다'라고도 한다. '위태하다'나 '위험하다'는 편안함이나 안전함이 보장되지 않을 때 쓰는 표현이다. '안위'가 편안함이나 안전함, 위험함이나 위태로움을 동시에 나타내는 만큼 안위가 위태로울 수는 없는 법이다. 위험함, 위태로움이 위태롭다는 표현은 어불성설일 수밖에 없다. '안위를 보장하다'라는 표현도 보인다. 이 역시 안전은 보장할 대상이 될 수 있어도 위태로움은 보장할 대상이 아니므로 잘못된 표현이다. '안위를 위협하다'나 '안위를 기원하다' 같은 표현도 모두 '안위'를 '안전'의 뜻으로 잘못 알고 쓴 예이다.

㉮ 경제적 어려움을 겪는 모든 분에게 **안위와 평화가 깃드는** 한 해가 되길 바란다. ❌

㉯ 일신의 **안위와 영달을 위해** 칼날을 두려워하거나 순치되지 않겠다. ❌

㉰ 법관의 독립은 국민의 기본권 보장을 위한 제도적 장치일 뿐, 법관 개개인의 자유나 **안위를 보장하기 위한** 것이 아니다. ❌

㉱ 신재생에너지 발전 비중을 무리하게 끌어올리면 **국가 안위까지 위협받을** 수 있다. ❌

㉲ 올해도 은수사에서 **국가 안위**와 군민 안녕을 **기원하는** 마이산신제가 엄숙히 거행됐다. ❌

# 존망 + 걸리다

存 있을 존　亡 망할 망

'존망(存亡)'도 '존속과 멸망 또는 생존과 사망을 아울러 이르는 말'이다. '국가의 존망은 젊은이들의 손에 달려 있다' '이것은 당신의 존망이 걸린 문제입니다'처럼 쓴다. 그런데 '존망이 위태롭다' '존망을 위협하다'처럼 앞에서 살펴본 '안위'와 아주 비슷하게 쓰곤 한다. 이 또한 '존속이 위태롭다/생존이 위태롭다/생존을 위협하다'같이 써야 바른 표현이 된다.

㉮　일본 자민당 내 최대 파벌인 아베파가 정치 비자금 문제로 **존망의 갈림길에 섰다**고 『니혼게이자이신문』
이 11일 보도했다. ◎

㉯　저출산 해법 찾기가 **국가의 존망이 걸린 문제**로 떠올

랐다. **O**

㉣ 기후변화는 우리 행성의 **존망을 가를** 위협이다. **O**

㉤ 국가의 **존망을 위협하는** 저출산 문제의 핵심 요인으로 '집값'과 '사교육비'가 제기되고 있다. **X**

㉥ 가짜 뉴스는 국가 **존망을 위태롭게** 한다. **X**


서로 반대되는 뜻의 한자가 합쳐진 낱말을 어느 한쪽의 뜻만으로 오해하여 잘못 쓰는 사례가 제법 있다. '안위' '존망'이 바로 그런 유의 낱말이다.

# 난이도 + 높다

難 어려울 난  易 쉬울 이  度 정도 도

해마다 11월 어느 날에는 온 나라가 긴장한다. 비행기의 운항까지 제한한다. 이 나라의 미래를 짊어지고 나갈 어린 학생들이 지난 12년 동안 갈고 닦은 학업 성과를 평가받는 날이기 때문이다. 이날 학생·교사·학원 강사 등 교육계에서는 물론이고 언론에서도 꼭 거론하는 말이 있다. '난이도(難易度)'이다. 말 그대로 '어렵고 쉬운 정도', 즉 그해의 시험이 앞선 여러 해의 시험보다 어려웠는지 쉬웠는지 따질 때 쓴다. 시험뿐만 아니라 일이나 기술 따위가 쉬운지 어려운지 따질 때도 마찬가지다.

그런데 난이도가 높다고도 하고, 낮다고도 한다. 난이도가 '어려움과 쉬움의 정도'를 나타내므로 난이도가 높다면 어려운 정도가 높았다는 건지 쉬운 정도가 높았다는 건지 종잡을 수 없는 상황이 되고 만다. 표준국어대사전의 용례는 "난이도에 따라 단계적으로 교육하다"와 "시험 문제의 난이도를 조정하기가 쉽지 않다" 달랑 둘뿐이다. 흔하게 쓰는 '난이도가 높다/낮다' 같은 표현은 아예 없다. 대비되는 두 표현, 다시 말해 어려움과 쉬움을 동시에 높다거나 낮다고 할 수 없기 때문이다.

그러면 어떤 말을 써야 할까?

바로 '난도(難度)'가 있다. 이 낱말은 '어려운 정도'만 나타낸다. 국어사전에서도 "난도가 높다"라는 용례만 제시했다. 어려운 정도가 높으면 어렵고, 낮으면 쉬운 것이다.

이처럼 '난이도'는 '높다/낮다' 같은 말과는 어울릴 수 없으며, '높다/낮다'와 어울릴 수 있는 말은 '난도'이다. '난도'에 '높음'을 뜻하는 한자어 접두사 '고(高)-'가 붙은 '고난도'는 '아주 어려움'을 나타낸다. '어렵지 않음'을 뜻하는 '저난도'는 사전에 실려 있지 않지만 '낮음'을 뜻하는 접두사 '저(低)-'를 붙인 것으로 이해할 수 있겠다.

㉮  언어 영역에 생소한 지문이 출제되면 **난이도** 관련

40

논란이 끊이지 않는다. ◎

㉯ 　올해 수학능력시험의 **난도는** 예년보다 **높다.** ◎

㉰ 　올해 수학능력시험의 **난도는** 예년보다 **낮다.** ◎

㉱ 　올해 수학능력시험의 **난이도는** 예년보다 **높다.** ✖

㉲ 　올해 수학능력시험의 **난이도는** 예년보다 **낮다.** ✖


　어려운 정도를 나타내는 말로 '난도'가 있으니 쉬운 정도를 나타내는 말로 '이도(易度)'도 있어야 하지 않을까. 결론부터 말하면 '이도'라는 말은 없다.

　그 이유를 알아보기 위해 먼저 '난도'와 말의 구성이 같은 낱말 몇 개를 살펴보자. 우선 '온도'가 있다. 따뜻한 정도를 나타내는 말이다. 하지만 '온랭도(溫冷度)'나 '냉도'는 없다. '온도가 높다/낮다'라고만 하여도 뜨겁고 따뜻함, 차갑고 추움을 나타내는 데 부족함이 없기 때문이다. '강도(剛*度)/강도(强**度)/고도(高***度)/광****도(光度)/농도(濃°度)/심도(深°°度)' 같은 말도 그렇다.

　이런 말들은 대개 '높다/낮다'를 써서 그 정도를 표현하지만 때로는 '농도'나 '강도'처럼 '높다/낮다' 말고도

---

\* 굳셀 강

\*\* 강할 강

\*\*\* 높을 고

\*\*\*\* 빛 광

° 짙을 농

°° 깊을 심

'짙다/연하다' '세다/약하다' 같은 본래의 뜻을 나타내는 말이나 그에 대비되는 말과 함께 쓰기도 한다.

이처럼 정도를 나타내는 말 가운데 '난이도'만 서로 반대의 뜻을 나타내는 한자가 합쳐져 한 낱말을 이루고 있다. '난도'만으로도 어렵고 쉬운 정도를 충분히 나타낼 수 있는데 말이다. '난도 높은 기술로 높은 점수를 얻었다'처럼 '높다/낮다' 같은 말과 함께 쓸 때는 반드시 '난도'를 써야 하며, '난이도에 따라 단계적으로 교육하다' '시험 문제의 난이도를 조정하기가 쉽지 않다' '이번 시험은 난이도 조절에 실패했다'처럼 표현할 때도 '난이도' 대신 '난도'를 써도 문제없다.

# 심도 + 있다

深 깊을 심   度 정도 도

정도를 나타내는 말 가운데는 '심도(深度)'도 있다. 이 말은 얼마나 깊은지, 즉 '깊은 정도'를 나타낸다. 따라서 앞에서 살펴본 '난도' '강도(剛度/强度)' '온도' 같은 말들과 달리 '높다/낮다'가 아닌 '깊다/얕다' 같은 말과 함께 쓴다. 그런데 '심도'를 '심도(가) 있다'처럼 쓰기도 한다.

표준국어대사전에서는 '심도'의 뜻을 "깊은 정도"라고만 풀이했다. 따라서 '심도 있다'는 '깊은 정도가 있다'라는 뜻이 되는데 그 깊은 정도가 얼마나 되는지 알 수 없는 노릇이니 바람직하지 않다. 어려운 것을 '난도 있다'라고 하지 않고 단단한 것을 '강도 있다'라고 하지 않으며 뜨거운 것을 '온도 있다'라고 하지 않듯이 말이다.

유독 '심도'만 '있다'와 어울려 쓰는데 '심도 있다'라고 할 때의 '심도'는 '어떤 내용이 지니는 충실성이나 무게'를 뜻하는 것으로 보인다. 이런 의미를 나타내는 말로 '깊이'가 있다. '깊이'는 '사고의 깊이' '깊이 있는 강연' '학문의 깊이를 더하다' '예술의 깊이에 감탄하다'처럼 쓴다. 참고로 '깊이'의 첫 번째 뜻풀이는 '위에서 밑바닥까지, 또는 겉에서 속까지의 거리'이다.

이미 많은 사람이 '심도 있다'라고 쓰는 만큼 언어의 속성으로 볼 때 이 표현이 틀렸다고 하기는 어렵다. 표준국어대사전 용례에도 버젓이 올라 있으니 말이다. 그렇더라도 '심도 있다'보다는 '깊이(가) 있다'가 좀 더 바람직한 표현이라고 하겠다. 물론 그 반대의 표현은 '깊이(가) 없다'이다. '깊다/얕다'는 '심도'나 '깊이' 가운데 어느 것과 어울려 써도 문제없겠으나 '있다/없다'는 '깊이'와만 어울려 쓰는 것이 더 낫겠다.

㉮  전시해설가의 해설을 통해 **작품이 지니는 심도**를 더 잘 가늠할 수 있었다. ⓞ

㉯  그 문제를 해결하려면 좀 더 **심도 있는 논의**가 필요하다. △

# 염두 + 하다

念 생각할 념　頭 머리 두

'인플레이션을 염두하고 대책을 세워야 한다'라거나 '자칫 피해를 볼 수 있다는 사실을 염두해야 한다' 같은 표현을 흔히 보고 듣는다.

'염두(念頭)'는 '생각의 시초' 또는 '마음의 속'을 나타내는 말이다. 위의 두 예에서 보이는 '염두하고' '염두해야'는 생각하거나 예상한다는 뜻일 테다. 이는 '염두'에 일부 명사 뒤에 붙어 동사를 만드는 접미사 '−하다'를 붙인 '염두하다'의 활용형이다. 그런데 동사를 만드는 접미사 '−하다'는 동작을 나타낼 수 있는 명사 뒤에 붙여야 한다. '생각, 공부, 사랑, 빨래' 같은 명사들이다. 머리를 손질한다는 뜻으로 쓰는 '머리하다'처럼 아주 예외인 말이 있기는 하지만 말이다. '생각의 시초'나 '마음의 속'

을 뜻하는 '염두'는 동작을 나타낼 수 있는 말이 아니므로 '–하다'를 붙일 수 없다.

'인플레이션을 염두하고'는 '인플레이션을 염두에 두고'라고, '사실을 염두해야 한다'는 '사실을 염두에 두어야 한다'라고 써야 바른 표현이 된다. 이처럼 '염두'는 흔히 '염두에 두다' 꼴로 쓰인다. 간혹 '염두해 두다'라고 표현하기도 하는데 '염두해'가 '염두하다'의 활용형인 '염두하여'의 준말이므로 이 역시 잘못이다.

'염두에 없다'처럼 쓰기도 하는데 이는 '생각조차 않는다' '고려하지 않는다'라는 뜻이다. 반대로 '엄두에 있다'는 당연히 생각하고 고려한다는 뜻이다. 마음속에 두지 않아 신경 쓰지 않는 일은 '염두 밖의 일'이다. 어떤 생각을 떨치지 못하고 사로잡혀 있는 상태를 나타낼 때는 '염두를 떠나지 않는다'라고 한다.

㉮  배려하는 사회가 되기 위해서는 다른 종교를 **염두하면서** 배려하는 마음을 가져야 한다. ❌

㉯  총선 출마를 **염두해 둔** 것으로 해석된다. ❌

㉰  경찰은 동일인의 소행일 가능성을 **염두해 두고** 수사해 왔다. ❌

㉣ 이러한 변화를 **염두하면** 현금 지원보다는 여성의 시
간 비용을 줄여 주는 정책이 더욱 효과적일 수 있다.
Ⓧ

㉤ 결과도 중요하지만, 결과에만 너무 **염두하면** 안 된
다. Ⓧ

㉥ 16억 달러라는 산업 투자 규모를 **염두하면** e스포츠
의 성장 가능성은 무궁무진하다. Ⓧ

# 자유 + 하다

自 스스로 자  由 말미암을 유

앞 장에서 다룬 '염두하다'와 비슷한 방식으로 잘못 쓰는 낱말이 또 있다. 특정 종교에서만 자주 쓰는데 바로 '자유케 하다'라는 표현이다. '자유(自由)'는 그 뜻을 더 설명할 필요도 없을 만큼 익숙한 말이다. '자유케'는 '자유하게'의 준말이므로 '자유케 하다'는 '자유하게 하다'라는 뜻으로 쓰는 표현이겠지만 이는 문법에 비추어 보면 틀린 말이다. 동사를 만드는 접미사 '–하다'는 동작을 나타낼 수 있는 명사 뒤에 붙여야 한다. '염두'와 마찬가지로 '자유'도 접미사 '–하다'를 붙여 '자유하다'라는 동사로 만들 수 없다. '자유롭게 하다'나 '자유스럽게 하다'라고 표현해야 한다.

'자유케 하다'는 성경에서 '진리가 너희를 자유케 하

리라'라고 한 구절 때문에 기독교인들이 많이 쓴다. 하지만 새로 번역한 성경에서는 '자유롭게 할 것이다'로 수정했다고 하니 아직도 '자유케 하다'가 익숙한 사람이라도 하루빨리 바꿔 쓰기 바란다.

'염두'나 '자유'처럼 '증거(證據*)'도 '–하다'를 붙여 동사로 만들 수 없다. '증거하다'는 '증거를 대다'처럼 쓰거나 '증명하다'나 '입증하다'로 바꿔 쓸 수 있다.

㉮ 교회가 이들을 위해 예수님의 이름으로 **자유케 해주길** 바란다. ❌

㉯ 결박당해 있는 그 마음(정신)을 풀지 못하고 **자유하지 못하고** 몸만 자유를 얻으려 한다면 이는 결단코 **자유로 될** 수 없는 일이다. ❌

㉰ 우리의 많은 역사가 그 사실을 **증거하지** 않는가. ❌

㉱ 흐르는 세월은 거짓을 **증거하지** 않는 참 스승이다. ❌

---

# 필요 + (로) + 하다

必 반드시 필  要 중요할 요

외국어를 마구 섞어 쓰는 것을 넘어 우리말도 외국어 투로 표현하는 이들이 적지 않다. 그런 이들은 "새로운 시대정신은 독점 권력이 아니라, 더불어 함께 살아가는 공존의 원리를 필요로 한다"라는 식으로 표현하곤 한다.

이 문장에 쓰인 '필요(必要)'는 '반드시 요구되는 바가 있음'을 뜻한다. 이 '필요'에 조사 '로'가 붙었는데 이 '로'가 무엇을 나타내는지 알 수 없다. '로'는 통상 어느 쪽으로 가거나 향함을 나타낼 때나 수단, 방법, 재료, 원료를 나타낼 때 쓴다. 원인이나 이유를 나타내기도 하고 자격, 신분 등을 나타내기도 한다. 아무튼 그 어느 것도 '필요로 하다'의 뜻을 확인하는 데 도움이 되지 않는다. '필요로 하다'는 그야말로 외국어 투 표현에 불과하다. '필요'에 접미사 '-하다'를 붙이면 형용사가 된다. 앞말에 목적어를 만드는 조사 '를'이 붙은 것으로 보아 동사구로 만들려 한 것이 아닌가 싶다. 이런 때는 '필요하다'라고 하는 것이 바른 어법이다. '원리가 필요하다'처럼 쓰면 된다.

그런가 하면 이런 식으로도 쓴다. "이는 국내 증시 전체의 투자 심리 악화를 불러올 수 있을 것으로 투자 시 상승뿐 아닌 하락에도 기민한 대응이 필요된다."

'필요하다'는 앞에서 밝혔듯이 형용사인데 동사로 착각하고 피동형으로 만드는 접미사 '-되다'를 붙인 듯하다. 형용사를 동사로 잘못 알고 활용했으니 당연히 어법에 맞지 않는다. 그냥 '대응이 필요하다'라고 하여야 한다. '필요하다'를 굳이 동사로 바꾸려면 보조동사 '지다'를 활용해 '-어지다'의 구성으로 쓸 수 있다. '필요해지다'라고 할 수는 있다는 얘기다. 하지만 이 '필요해지다'도 '필요하다'와 의미상 차이가 없다. 형용사인 '필요하다'로 쓰면서 각종 어미를 적절히 활용하여야 한다.

㉮  그 걸림돌로 경제적 요인을 짚고 있다는 점은 더 많은 논의를 **필요로 한다.** ✖

㉯  당분간 서해 남부 해상에는 돌풍과 함께 천둥·번개
    가 치고, 안개가 끼는 곳이 있어 안전사고에 각별한
    주의도 **필요된다**. ⊗

    아울러 '반드시 필요하다' 같은 표현에서도 '반드시'
는 필요 없는 말이다. '필요'가 이미 '반드시'라는 뜻을 포
함하고 있으므로 '반드시 필요하다'는 겹말에 지나지 않
는다.

# 월척 + 하다

越 넘을 월　尺 자 척

예전엔 취미가 뭐냐고 물으면 독서나 여행이라는 답이 대부분이었다. 요즘은 참으로 다양한 분야에서 수많은 취미가 넘쳐난다. 일반인은 듣도 보도 못한 취미를 즐기는 사람도 많다. 취미가 직업이 되기도 하고, 취미 생활을 넘어 전문가의 경지에 드는 사람도 많다.

　　그런가 하면 먹고살기 위한 수단이던 것이 취미가 되기도 한다. 낚시도 그중 하나다. 낚시는 그 역사가 신석기시대까지 거슬러 올라간다고 한다. 신석기시대의 낚시는 먹고살기 위한 행위였을 것이다. 그러던 것이 차츰 일부 상위 계층의 취미로 자리잡았고 현대에 이르러서는 누구나 즐길 수 있게 되었다.

　　낚시를 하다 보면 아주 작고 보잘것없는 잔챙이를

낚기도 하지만 뜻밖에도 엄청나게 큰 물고기를 잡기도 한다. 그런 큰 물고기를 잡으면 이른바 '꾼'들은 어탁(魚拓)을 뜨며 기념하기도 한다. '큰 물고기'의 기준은 '한 자[尺]'가 아닌가 싶다. '한 자가 넘는' 물고기를 '자넘이'라고 하는데 이 고유어 '자넘이'에 해당하는 한자어가 '월척(越尺)'이다. '자', 즉 '척(尺)'은 미터법으로 환산하면 약 30.3센티미터에 해당한다. '월척'은 곧 30.3센티미터가 넘는다는 뜻이다.

'월척'은 주로 한 자가 넘는 민물고기 '붕어'를 가리키는 말이지만 지금은 큰 바닷고기를 낚았을 때도 쓴다. 그뿐만 아니라 뜻밖의 물건을 손에 넣거나 큰 이익을 보았을 때도 비유적으로 '월척을 낚았다'처럼 표현하곤 한다. '월척'을 이처럼 비유적 용법으로 쓴 지는 제법 오래된 것으로 보인다. 그런데도 아직 국어사전의 뜻풀이에 오르지 못한 것은 의외이다.

이 '월척' 역시 앞에서 살펴본 '염두, 자유, 증거'와 마찬가지로 동작을 나타내는 말이 아니다. 동작을 나타내는 말이 아니면 동사를 만드는 접미사 '−하다'를 붙일 수 없다. 따라서 '월척하다'처럼 표현하는 것은 잘못이다. '월척'은 주로 '낚다'와 어울려 '월척을 낚다'처럼 쓴다.

㉮  평균 수주 가격은 삼성중공업에 밀렸지만 올해 가
   장 큰 **'월척'을 낚은** 것은 HD현대중공업이다. **◉**
㉯  이날 두 사람의 낚싯대에 동시에 입질이 왔고, 30분
   만에 붕어 두 마리를 **월척했다. ⊗**

# 운명 + 달리하다

殞 죽을 운  命 목숨 명

생로병사. 사람은 나고, 늙고, 병들고, 결국은 죽는다. 각
단계를 나타내는 다채로운 말들 가운데서도 마지막 단
계인 '죽음'을 표현하는 말은 참으로 다양하다. '목숨을
거두다'처럼 주로 구(句)로 이뤄지는 고유어 표현에 더
하여 한자어를 활용한 표현까지 들자면 수십 가지일 듯
하다. 그중 일상에서 주로 쓰이는 한자어만 대충 추려도
사망, 별세, 영면, 타계, 서거, 사거, 임종, 작고, 귀천 등
이 있다. 거기다 불교계에서는 '열반'이나 '입적'을, 가톨
릭에서는 '선종'을, 개신교에서는 '소천'을 쓰는 등 종교
마다 서로 다르게 표현하기도 한다. 죽음을 맞이하고 죽
음에 이르는 상황만큼이나 표현도 다양한 것이다.

'운명(殞命)'도 빼놓을 수 없다. 대개 '운명하다'처

럼 쓰지만 '운명을 달리하다'처럼 쓰는 것도 심심찮게 볼 수 있다. 내로라하는 언론사의 기사에서도, 자타가 인정하는 유명 인사의 말에서도 보고 들을 수 있다. '운명'의 뜻을 안다면 '운명을 달리하다'라는 표현이 틀린 것임을 쉽게 알 수 있다. '운명'은 목숨이 끊어진다는 뜻이다. 어떤 이가 사망했다는 사실을 말하면서 '목숨이 끊어지는 것을 달리했다'라고 표현하는 형국이 되는 것이다. 구사일생으로 죽음을 면했다면 모를까, 전혀 딴소리를 하는 셈이다.

그렇게 표현하는 것은 '유명(幽明)'과 헷갈려서다. '유명'은 '어두움과 밝음' '저승과 이승'을 뜻하는 말이다. '유명을 달리하다'는 저승과 이승을 달리하는, 즉 죽음을 완곡하게 표현하는 것이다.

'운명하다'는 그 자체로, '유명'은 '달리하다'와 함께 구를 이루어 '죽다'의 뜻으로 쓴다.

㉮　어느 선생님이 학부모의 갑질에 시달려 **운명을 달리했다는** 기사를 볼 때마다 안타까움을 금할 수가 없다. **Ⓧ**

㉯　고향 땅을 밟지 못하고 **운명을 달리한** 실향민들의

넋을 위로합니다. ⓧ

㉰ 알루미늄 재활용 공장에서 일어난 폭발로 60대 노
동자가 **유명을 달리했다.** ◎

'운명'과 '유명'은 각각 동음이의어가 있어 한자로
쓰거나 한자를 병기할 때 잘 살펴야 한다. 요즘은 대개
흔글이나 MS워드 등 이른바 워드프로세서로 글을 쓰다
보니 낱말을 한글로 입력하고 한자 변환 기능을 이용하
게 된다. 이때 자칫하면 비슷해 보이지만 엉뚱한 한자를
입력하는 실수를 범하기 쉽다.

하나는 '인간을 포함한 모든 것을 지배하는 초인간
적인 힘 또는 그것에 의하여 이미 정하여져 있는 목숨이
나 처지' '앞으로의 생사나 존망에 관한 처지'를 나타내
는 '운명(運*命)'이다. 이 '운명'은 '운명에 맡기다' '그는
딸의 죽음을 운명으로 받아들였다' '조국의 운명을 걸머
지다' '환경 보호는 세계 전체의 운명과 관련된 일이다'
처럼 쓴다.

'유명(幽冥)'도 있는데 이는 '깊숙하고 어두움'을 뜻
하는 말로 '사람이 죽은 뒤에 그 혼이 가서 산다고 하는
세상', 즉 '저승'을 나타내는 말이다. 저승과 이승을 아울

* 옮길 운

러 이르는 말인 '幽明'과 혼동하기 십상이니 주의해야 한
다. 사실 '幽冥'은 일상의 언어생활에서는 거의 쓸 일이
없다. 인터넷에서 검색해 보면 종교계와 관련한 일부 글
이나 일본과 관련한 일부 번역문에서 쓰일 뿐이다. 그 밖
에는 거의 예외 없이 '幽明'을 써야 할 자리에 잘못 입력
한 것이다.

# 유명세 + 얻다

有 있을 유　名 이름 명　稅 세금 세

연예인이든 정치인이든 기업인이든 이른바 잘나가는 사람과 관련한 기사나 글 따위에서 '유명세를 얻다/유명세를 누리다/유명세를 타다/유명세를 떨치다' 같은 표현을 쉽게 볼 수 있다. 기사나 글에서만 쓰이는 게 아니라 언중의 일상 언어로도 확실하게 자리 잡았다고 할 만하다.

이 '유명세'는 무엇이기에 얻고/누리고/타고/떨치는 것일까? '유명세'는 한자로 '有名稅'라고 적는다. 눈여겨보아야 할 것은 '세'의 한자가 '세금'을 뜻하는 '稅'라는 점이다.

세금을 내야 할 의무, 다시 말해 납세의 의무는 국방, 교육, 근로의 의무와 함께 국민의 4대 의무 가운데 하나지만 누구든 절세하려고 한다. 심지어 탈세를 도모하고 실행하다 큰코다치기도 한다. 성실히 납세하는 사람조차 한 푼이라도 덜 내려고 노력하며 피할 수 있다면 피하고 싶은 것이 세금일 테다. 법을 어기지 않더라도 국방의 의무를 피하거나 복무 기간을 줄이는 방법을 알려주면 비난을 퍼붓기 마련인데 절세 방법을 알려주는 건 오히려 권장한다.

왜 '有名稅'라고 적을까? '세상에 이름이 널리 알려진 탓으로 당하는 불편이나 곤욕을 속되게 이르는 말'이기 때문이다. 필부필부, 장삼이사는 법을 어기지 않고 도덕규범에 어긋나지 않으면 아무 문제 없이 할 수 있는 행동거지도 이름이 잘 알려지고 얼굴이 널리 알려진 이가 하면 세인의 입방아에 오르는 일이 흔하다. 설사 사소한 잘못을 저질렀더라도 일반인보다 훨씬 큰 비난을 받곤 한다. 평범한 사람이 길에 휴지를 버린다면 사람들은 대개 눈살 찌푸리고 기껏해야 손가락질하는 정도로 반응할 것이다. 그런데 유명인이 그런 행동을 한다면 어떤 일이 벌어질까? 아마 한두 시간 안에, 이르면 몇 분 안에 인터넷에서 동영상을 볼 수 있을 것이다. 비난 댓글은 양념일 테고. 바로 그런 상황을 나타내는 말이 '유명세'이다.

이 '유명세'를 얻고, 누리고, 타고, 떨치는 것이라고 오해하는 것은 '유명세(有名勢)'로 잘못 안 탓으로 보인다. 유명해진 형세를 얻고/누리고/타고/떨치는 것이 아니라 유명해진 만큼의 '대가를 겪고 치르는' 것이다. 얻거나 누리고/타고/떨칠 것은 인기요, 상승세요, 이름이라고 하겠다. 상황에 따라서는 '성가를 높이다' 같은 말로도 대신할 수 있겠다.

㉮ 파크 골프가 인기를 끌면서 전국 명품 대회로 손꼽히는 문경새재배 전국파크골프대회도 유명세를 톡톡히 치렀다. ⭕

㉯ BTS가 앨범 재킷 사진을 찍어 **유명세를 탄** 삼척 맹방 해변의 포토존과 관련 조형물이 철거됐다. ❌

㉰ 노르드인들이 8세기 말부터 해양을 통해 전 유럽을 장악하면서 바이킹도 **유명세를 떨쳤다.** ❌

㉱ 수아레스 검사는 각종 중대 범죄와 대형 부패 사건을 담당하며 **유명세를 얻은** 인물이다. ❌

㉲ 영화 『키싱부스』로 **유명세를 얻은** 제이콥 엘로디가 전쟁 같은 사랑을 하고 있다. ❌

㉳ 『아홉살 인생』은 영화로도 제작돼 2004년 개봉하는 등 **유명세를 누렸습니다.** ❌

'유명세'가 부정적인 맥락에서 쓰는 말이라는 것을 기억하면 엉뚱한 데다 쓰는 일을 피할 수 있다.

# 사사 + 받다

師 스승 사　事 섬길 사

신라 화랑의 다섯 가지 계율을 세속오계라고 한다. 사군이충, 사친이효, 교우이신, 임전무퇴, 살생유택이다. '사군이충'은 충성으로써 임금을 섬기는 것이고, '사친이효'는 효로써 어버이를 섬기는 것이다. '교우이신'은 믿음으로써 벗을 사귀는 것이고, '임전무퇴'는 전쟁에 나아가서 물러서지 않는 것이며, '살생유택'은 살생을 함부로 하지 말고 가려서 해야 한다는 것이다.

　이 세속오계의 첫 번째, 두 번째 계율인 '사군이충'과 '사친이효'에 공통으로 들어 있는 '事'는 통상 '일'을 뜻하지만 '사군' '사친'이라고 할 때는 '섬기다'라는 뜻을 나타낸다. 이 '事' 자가 '섬기다'의 뜻을 나타내면서 자주 쓰이는 말 가운데 '사사(師事)'가 있다. '스승으로 섬김'

을 뜻한다.

이 '사사'를 '당시 피아노를 사사해 주시던 교수님이 음악적 시야를 넓혀 보라고 말씀하셨다' '홍석영은 세계적인 피아니스트 백혜선 교수에게 사사를 받았다'처럼 쓰곤 한다. 앞 문장의 '피아노를 사사해'는 말 그대로 풀이하자면 '피아노를 스승으로 섬겨'라는 우스꽝스러운 말이 되고 만다. 뒤 문장의 '교수에게 사사를 받았다'는 '교수에게서 스승으로 섬김을 받았다'라는 뜻이 되니 스승이 제자가 되고 제자가 스승이 되는 셈이다.

이 '사사'는 '-을 사사하다' 꼴로 쓴다. 즉 '김소월은 김억을 사사하였다'처럼 써야 김소월이 김억을 스승으로 섬겼다는 뜻이 되어 김억에게서 배웠음을 나타낸다.

표준국어대사전을 포함하여 근자에 나온 사전들에서는 '그는 김 선생에게서 창을 사사하였다'처럼 '-에게서 -을 사사하다' 꼴로 쓰는 것을 허용하고 있다.

어떤 상황에서든 '사사'에 '피동'의 뜻을 더하고 동사를 만드는 접미사 '-받다'를 붙여 '사사받다'라고 써서는 안 된다. 오로지 동사를 만드는 접미사 '-하다'를 붙여 '사사하다'라고 써야 한다.

㉮ 정누리는 한국예술영재교육원에서 고(故) **김남윤 과 김성숙을 사사했고** 현재 오스트리아 빈에서 **보리 스 쿠쉬니르를 사사하고** 있다. **◎**

㉯ 그는 진시황제에게 분서갱유를 주청한 법가인 이 사(李斯)와 성악설을 주장한 **순자(荀子)에게 사사했 다. ✕**

이 '사사'와 함께 기억해 둘 만한 말로 '사숙(私淑\*)' 이 있다. '사숙'은 '직접 가르침을 받지는 않으나 마음 속으로 그 사람을 본받아서 도나 학문을 닦음'을 뜻한 다. 동사 '사숙하다'도 '사사하다'와 마찬가지로 '-을 사 숙하다'처럼 쓴다. 『다산 시문집』 해제에서는 "(다산은) 16세에 성호 이익의 유고를 처음으로 보고 평생 성호 선 생을 사숙하게 되었다"라고 했다. 다산 정약용은 1762 년 태어났고 이익은 1763년 사망했으므로 다산이 성호 의 가르침을 직접 받을 수는 없었지만 그를 흠모하며 학 문을 닦았으므로 '사숙'이라고 표현한 것이다. 표준국어 대사전에서는 "플라톤이 소크라테스를 얼마나 사숙하 고 경도하고 앙모하였는지는, 플라톤이 신에게 드린 네 가지 감사 속에서 넉넉히 읽을 수가 있다"라고 '사숙하

---

\* 맑을 숙

다'의 용례를 제시했는데 플라톤은 소크라테스의 가르침을 직접 받은 제자이므로 이는 잘못이다. 플라톤은 소크라테스를 사숙한 것이 아니라 사사한 것이다.

# 지천 + 피다

至 이를 지　賤 천할 천

"쫑긋 난 잎 뒷면이 노루의 귀처럼 털로 덮였다고 이름 붙은 노루귀가 지천에 자랐다."

한 시사 주간지 기사의 문장이다. '지천에 자랐다'는 무슨 뜻일까? 이 문장만으로는 노루귀가 '지천'이라는 곳에 자랐다는 뜻으로밖에 달리 생각할 수 없다. 그런데 이 기사 어디에도 '지천'이라는 지명은 나오지 않는다. 실은 노루귀가 매우 많이 자라고 있다는 말을 한 것이다. '지천'의 쓰임새가 잘못되어 뜻이 통하지 않는 문장이 되었다.

'지천(至賤)'은 한자 그대로 풀이하면 지극히 천한 상태다. 표준국어대사전에서는 "더할 나위 없이 천함" "매우 흔함"으로 풀이하고 있다. 글머리에 인용한 문장에서는 매우 흔하게 자랐다는 뜻으로 쓰였다. 장소를 나타내는 조사 '에'가 아니라 '으로'를 써서 '지천으로 자랐다'라고 하여야 바른 표현이 된다.

이 '지천'은 심지어 『지천에 천대받고 깔려 있는 식물이 명약』이라는 책 제목이 있을 정도로 '지천에' 꼴로 잘못 쓰인다. 아마도 '지천'을 '地天'쯤으로 생각한 것인 듯하다. 하지만 이때의 '지천'은 불교에서 세계를 지키는 열두 신 가운데 땅을 맡은 신의 이름일 뿐이다.

'매우 흔함'을 나타내는 '지천'은 '꽃이 지천으로 피었다' '뒷산에 산나물이 지천이다'처럼 조사 '으로'나 '이다'를 붙여야 한다. 앞서 말한 책 제목은 '지천으로 깔려 있어 천대받는 식물이 명약'이라고 하여야 뜻이 잘 통할 듯싶다.

'지천'은 '지천으로/지천이다'의 꼴로만 쓰인다고 기억하면 되겠다.

㉮   약초 향기에 취해서 내려오게 된다고 할 정도로 약초가 많이 자생하며 봄에는 야생화가 **지천이다**. ◎

㉯   4, 5월이면 온 산과 들에 노란 꽃이 **지천으로** 피어난다. ◎

㉰ 역사 문화 자원을 활용한 인문학과 체험거리도 **지천이다.** ⊙

㉱ 숲길을 지나고, 마을길을 지나고, 감나무 밭을 지난다. **지천에** 홍시가 떨어져 있다. ⊗

㉲ 심산유곡의 깊은 골짜기에는 약초와 산나물이 **지천에** 깔려 있다. ⊗

㉳ 봄이 되면 **지천에서** 고사리들이 겨우내 단단했던 땅을 뚫고 올라온다. ⊗

㉴ 이 무렵엔 하얀색 꽃들이 **지천에서** 피어난다. ⊗

# 결실 + 맺다

結 맺을 결　實 열매 실

가을을 결실의 계절이라고 한다. 봄에도 여름에도 결실은 있을 텐데 유독 가을을 결실의 계절이라고 하는 것은 그만큼 결실이 많이 이뤄지는 계절이기 때문이리라. 그야말로 오곡백과가 무르익는 계절이니 말이다.

'결실(結實)'은 한자의 뜻 그대로 '열매[實]를 맺음[結]'을 뜻한다. 여기에서 파생하여 '어떤 일의 결과가 잘 맺어짐'을 뜻하기도 한다. 그런데 언중은 대부분 이 '결실'을 '결실을 맺다' 꼴로 쓴다. 그야말로 겹말이다.

표준국어대사전에서는 "평생을 성실하게 생활하신 부모님의 덕분으로 자식이 모두 성공의 결실을 맺게 되었다"라는 예문을 올려 '결실을 맺다'라는 표현을 용인했지만 바람직한 표현이라고는 할 수 없다.

'결실'은 '결실을 거두다'나 '결실을 보다'라고 하는 것이 바람직하다. '결실을 거두다'는 '수확(收穫*)'을, '결실을 보다'는 '열매를 맺음' '일의 성과가 좋게 나타남'을 나타낸다.

'결실'은 사실상 '결과'와 같은 말이다. 열매를 맺는다는 점에서는 다를 것이 없지만 '일의 성과'를 나타낼 때는 쓰임새에 차이가 있다. '결실'은 별다른 수식어가 없어도 일의 성과가 좋음을 나타내지만 '결과'는 일의 성과가 좋은지 나쁜지를 나타내려면 그에 해당하는 수식어나 술어가 필요하다. 예컨대 '각고의 노력을 기울이더니 결실을 보았구나' '노력한 만큼 결과가 좋게 나왔다' '애는 썼지만 결과가 나쁘다'처럼 쓴다.

㉮  한때 영업 적자를 기록할 정도로 부진했으나 5년여에 걸친 체질 개선이 **결실을 봤다.** ◎

㉯  KIA 타이거즈가 강력한 쇄신 의지를 드러내며 내린 결단이 **최악의 결과로 돌아왔다.** ◎

# 격의 + 두다

隔 막을 격  意 뜻 의

서로 속마음을 터놓고 지내는 사이를 어떤 이는 '격의 없는 사이'라고 하고, 어떤 이는 '격이 없는 사이'라고 한다. 두 말이 발음도 비슷하고 어찌 보면 의미도 크게 다르지 않아 섞갈리기 십상이다. '격의 없는'은 '격의가'에서 조사 '가'를 생략했지만 '격이 없는'은 조사 '이'를 생략하지 않아서 비슷하게 들리는 것일 뿐이다. '격의(隔意)'는 '서로 터놓지 않는 속마음'이며 '격(隔)'은 '사이를 가로막는 간격'이다.

두 말에 쓰인 '隔'은 벌어진 사이나 틈을 뜻하는 '간격', 하루씩 거름을 뜻하는 '격일', 멀리 떨어져 있음을 뜻하는 '원격' 같은 말들로 미루어 알 수 있듯이 벌어지고 떨어져 있는 것을 나타낸다. 이런 이유로 '격의 없다'

나 '격이 없다'를 비슷하게 이해할 소지가 다분하다. 하지만 '격'은 '시간이나 공간의 사이'를 뜻하므로 속마음을 터놓고 지내는 사이를 표현하기에는 부적절하다. 이는 '격'의 파생어인 '격하다'가 '시간적으로나 공간적으로 사이를 두다'를 의미하는 데서 알 수 있다. '격하다'는 '하루를 격하여 만나다' '그 두 나라는 바다를 격해 있으면서 여러 가지 측면에서 활발한 교류를 하고 있다'처럼 쓴다.

서로가 자신의 속마음을 감추지 않고 지내는 것을 '격의 없다'라고 하며, 속마음을 감추고 대한다면 '격의를 품다'라고 한다. 다른 사람에게 곁을 주지 않는 것은 '격을 두다'라고 한다. 이는 관용 표현이다. '격의 없는 소통'이나 '격의 없는 대화' 같은 표현도 속마음을 감추지 않고 소통하고 대화한다는 의미다.

다만 '격의'는 사람과 사람 사이의 관계를 나타내는 말이므로 '격의 없는 자리'처럼 쓰는 것은 잘못이다. '격의 없는 자리'는 한자리에 함께한 사람들이 격식이나 형식, 방식 따위에 얽매이지 않거나 자유분방함을 나타내는 듯한데 이때는 '격식이 없는 자리' '격식에 얽매이지 않는 자리'처럼 표현하면 될 일이다.

㉮ 앞으로도 노조와 소통할 수 있는 자리를 마련해 **격의 없는 대화를** 이어가겠다. ◉

㉯ 팬과 스타가 **격을 두지 않고** 만날 수 있는 세계 최초의 커뮤니티 팬덤 사이트라고 볼 수 있어요. ◉

㉰ 퇴근길에는 시장에 들러 마주치는 시민들과 **격이 없는 대화를** 나누겠습니다. ✖

㉱ 최 회장은 인공지능(AI) 사업팀원들과 만나 영어 이름인 '토니'로 불러 달라며 임직원들과 **격이 없는 소통을** 하겠다고 밝혔다. ✖

㉲ 이 회장은 '워라밸' '조직문화' 등 본인이 불편할 수도 있는 주제를 먼저 꺼내며 진솔하고 **격의 없는 자리를** 만들었다고 한다. ✖

㉳ 한 참석자는 "서로를 위로하고 염려하는 아름답고 따뜻하며 **격의 없는 자리였다**"라고 전했다. ✖


한편 '격이 있다'라는 표현도 자주 쓰이는데 이때의 '격'은 '格(격식 격)'으로 '품위'나 '품격'을 뜻한다. '격에 맞다/격이 높다/격이 낮다/격이 없다'처럼 쓴다.


㉴ '동물 국회'를 연출하겠다는 게 아니다. 훨씬 전문

적이고 **격이 있는** 싸움이 가능하다. ◉

㋐ 　장관도 하고, 당 대표까지 한 분들이 **격에 맞는** 말씀
　　을 하는 게 좋겠다고 생각합니다. ◉

# 흉금 + 털다

胸 가슴 흉  襟 옷깃 금

앞에서 살펴본 '격의'와 종종 헷갈려 쓰는 말이 하나 있다. '흉금(胸襟)'이다. '흉금'은 가슴[胸]과 옷깃[襟]이 합쳐진 말이다. 따라서 '앞가슴의 옷깃'이다. 마음의 고통을 느끼면 '가슴을 앓다'라고 하며, 마음에 큰 충격을 받으면 '가슴을 치다'라고 하듯이 '가슴'은 '마음'과 통하는 말이다. 이런 맥락에서 '마음속 깊이 품은 생각'이라는 뜻이 파생했다.

'격의'는 '없다'와 어울리면 서로 속마음을 감추지 않고 대한다는 뜻이 되며, '품다'와 어울리면 서로 속마음을 감추고 대한다는 뜻이 된다. '흉금'은 통상 '터놓다/펴놓다/털어놓다/토로하다' 같은 말과 어울려 깊은 속마음을 드러내어 솔직하게 생각을 표현한다는 의미를 나타낸다. 이런 '흉금'을 '흉금 없다'의 꼴로 써서 '서로 터놓지 않는 속마음'이라는 '격의'나 '어렵게 여겨 꺼림'을 뜻하는 '기탄(忌憚*)'의 동의어처럼 활용해서는 안 된다. 참고로 '기탄없다/기탄없이'는 합성어로서 한 낱말이므로 붙여 쓴다.

㉮　기시다 일본 총리는 "조 바이든 미국 대통령, 윤석열 대통령과 **흉금을 터놓고** 이야기할 수 있기를 기대한다"라고 강조했다. Ⓞ

㉯　대통령은 국회의원, 특히 야당 의원을 한 명 한 명 찾아가 손을 잡고 **흉금을 털어놔야** 한다. Ⓞ

㉰　공동 비대위원장을 비롯해 전 비대위원들이 의견을 **흉금 없이** 얘기했다. Ⓧ

---

# 이견 + 좁히다

異 다를 이  見 볼 견

"양편의 이견을 좁히지 못해서 협상이 결렬되었다."

표준국어대사전에서 '이견(異見)'의 용례로 제시한 문장이다. 표준국어대사전이 출간된 지 20여 년이 지났고 그동안 수없이 수정했지만 아직도 여기저기 오류가 남아 있다. 이 용례에도 잘못이 있다.

'이견'은 말 그대로 '다른 의견'이며 '좁히다'는 둘 이상인 사물 사이의 간격을 줄이는 것이다. '이견을 좁히다'라고 할 때의 '이견'은 기존의 어떤 의견과는 '다른' 의견을 말하는 것이다. 의견과 의견 사이의 간격은 줄일 수 있다. 하지만 '다른 의견' 그 자체엔 줄일 간격이 없다. 어떤 의견과 또 다른 의견, 즉 이견 사이에 간격이 있음을 나타내는 말은 '의견 차' 또는 '견해차'이다. 따라서 앞머리에 제시한 문장의 '이견'은 '의견 차' '견해차'라고 해야 마땅하다. 또 '이견'이 서로 다른 의견이므로 '이견 차' 역시 잘못된 표현이다.

'이견'은 '좁히다'가 아니라 '있다/없다/없애다/해소하다/내다/내놓다/제기하다/제시하다/보이다' 같은 말과 어울려야 말의 궁합이 맞는다. 이견, 즉 다른 의견이 다수이면 '많다'라고 하고 소수이면 '적다'라고 할 수도 있겠다. 그러나 '크다/작다' 같은 말과 함께 써서는 안 된다.

'의견 차'나 '견해차'는 둘 이상의 의견이나 견해 사이의 간격을 뜻하므로 좁히고/줄이고/없애고/보이고/해소할 수 있다. '있다/없다' 같은 말과도 어울릴 수 있다. '크다/작다'와도 함께 쓸 수 있다. 하지만 '많다/적다'와는 어울릴 수 없다.

㉮ 이들은 두 정치 세력 사이의 **이견을 해소하지** 못하자 합류를 거부한 것으로 보인다. ◎

㉯ 여야 원내대표가 선거구 획정에 관해 논의를 벌였지만 **견해차를 좁히지** 못했다. ◎

㉰ 네타냐후 총리는 "우리에게 **이견이 없다는** 뜻은 아

니지만 지금까지 신중한 선택을 통해 이를 잘 극복 해 왔다"라고 말했다. **ⓞ**

㉯ 국민의힘과 민주당 모두 '텃밭 선거구' 존속을 고집 하면서 **이견을 좁히지** 못했다. **ⓧ**

# 자문 + 구하다

諮 물을 자  問 물을 문

'자문'이란 말이 있다. 흔히 '이 일을 자문해 주세요' '변호사에게 자문을 구했다'처럼 쓴다. 어떤 일을 하다가 어려움이 닥치면 해결책을 찾을 요량으로 윗사람이나 변호사 등 전문가에게 도움을 청하는 상황을 나타내는 표현이다. 거꾸로 상대의 요청으로 도움을 주게 되면 '자문해 주다'라고 한다.

하지만 '이 일을 자문해 주세요'는 '이 일에 관해 물어봐 주세요'라고 하는 격이다. '변호사에게 자문을 구했다'는 나에게 물어 달라고 변호사한테 부탁했다는 뜻이 되고 만다. 원래의 의도와는 정반대가 되는 것이다. '자문(諮問)'이 '물음'을 뜻하는 말이기 때문이다. '諮'도, '問'도 '묻다'를 뜻하는 한자이다.

언중 대부분은 '자문'의 뜻을 '물음에 답하다' '조언하다' 정도로 잘못 알고 있다. 그래서 어떤 일의 해결책을 구하거나, 도움을 받으려 하거나, 전문적인 내용을 좀 더 자세히 알고 싶을 때 누군가에게 자문을 청하거나 구한다. '물음'이라는 뜻과는 정반대로 '자문'을 쓰는 셈이다.

'자문'이 물음을 뜻한다는 사실에 덧붙여 알아 두어야 할 것이 한 가지 더 있다. 앞에서 '諮'가 '묻다'를 뜻하는 말이라고 했는데 이 '諮'는 단순히 묻는 것이 아니고, 묻기는 묻되 '높은 이가 낮은 이에게' 묻는다는 뜻이 있다. 윗사람이 아랫사람에게 묻는 것을 '諮'라고 한다는 얘기다. 이 '자문'은 본디 '하문(下問)'과 같은 말이다.

학생이 '교수님, 자문해 주세요'라고 한다든가, 부하 직원이 '부장님, 이 일은 어떻게 처리해야 할지 자문해 주세요'라고 한다면 의미를 잘못 알았을 뿐만 아니라 학생이 '교수님'을, 부하 직원이 '부장님'을 자신의 아랫사람으로 취급하는 표현이 되고 마는 것이다.

윗사람이 전문 지식이 있는 아랫사람에게 의견을 물었다면 '이 부장이 김 대리에게 그 문제를 자문했다'처럼 표현하면 된다. 윗사람의 물음에 답하는 것은 '자문에 응하다'라고 한다. 변호사 등 전문가에게는 '자문'이 아니라 '조언'을 구해야 마땅하다.

또 간혹 조언을 듣거나 도움을 받을 때 '자문을 받다'라고 하는데 이 또한 틀린 표현이다. 자문을 받는다는 것도 물음을 받는다는 뜻이 되기 때문이다. 물론 아랫사람이 윗사람의 질문을 받았다면 그렇게 표현할 수는 있겠으나 이런 것은 보도 듣도 못했다.

윗사람은 아랫사람에게 '자문하고', 아랫사람은 윗사람의 자문에 '응하고/답하는' 것이 '자문'의 바른 쓰임새가 된다. 모쪼록 이 책의 독자 여러분은 윗사람에게 자문하는 하극상의 무례를 빔하지 않기 바란다.

㉮ 국방연구원은 "비밀 자료를 유출한 적이 없고, 여야의 **정책 자문에 응했을** 뿐"이라며 감사 결과를 받아들일 수 없다고 했다. ◎

㉯ 투자 유치 분야 전문가에게 숙박 시설과 관람시설 설치 사업성 분석을 **자문했다.** ◎

㉰ 해당 판매 방식이 적법한지 변호사에게 **자문을 구했다.** ✘

㉱ 국회의원의 정치자금법 위반 사건 등에 **법률 자문을 해 준** 혐의 등도 유죄로 판단했다. ✘

# 혼신 + 다하다

渾 모두 혼  身 몸 신

"칼날 같고, 얼음장 같은 현실과의 싸움에 혼신을 다해야 할 비즈니스맨이 과거의 감정에 사로잡히는 것은 독배를 마시는 위험이고 어리석음이었다."

유명 장편소설에 나오는 문장이다. 작가는 이 문장에서 '혼신을 다하다'라는 표현을 썼는데 이는 무슨 뜻일까?

'혼신(渾身)'은 '몸 전체', 즉 '온몸'을 뜻한다. 어떤 사람이 제 몸을 돌보지 않고 어떤 일에 몰두할 때 흔히 '온몸을 바쳐 봉사하다'처럼 말한다. 이 '온몸'이 바로 '혼신'이다. 따라서 '혼신을 바쳐 봉사하다'라고 바꿔 말할 수 있다.

역으로 '혼신을 다하다'는 '온몸을 다하다'로 바꿀

수 있어야 한다. 하지만 그렇게 바꾸면 그 뜻을 짐작하기 어렵다. 이 문장에서는 비즈니스맨이 거래를 성사시키기 위해 그야말로 젖 먹던 힘까지, 온 힘을 다 쏟아부으며 노력해야 한다는 뜻으로 쓰였다. '온 힘' 다시 말해 '온몸의 힘'이라고 표현해야 비로소 뜻이 통하게 된다. 바로 '혼신의 힘'이다.

이처럼 '혼신'은 '조국의 독립을 위해 혼신을 바치다'처럼 자신의 몸까지 희생함을 표현하지만, '다하다/기울이다/쏟다' 같은 말과 어울릴 때는 '힘/노력' 따위의 말을 함께 써야 바른 표현이 된다. '혼신의 노력을 다하다' '혼신의 힘을 기울이다' '혼신의 힘을 쏟다'처럼.

'진력(盡力*)'이란 말도 있는데 이 말은 흔히 '진력을 다하다' 꼴로 쓰인다. 표준국어대사전에서는 '진력'을 "있는 힘을 다함. 또는 낼 수 있는 모든 힘"으로 풀이하고 용례로 "진력을 다하다"와 "진력을 빼다"를 제시했다. 첫 번째 뜻풀이의 용례는 없는 셈이다. 동사인 '진력하다'는 '있는 힘을 다하다'라고만 풀이했다. 결국 '진력을 다하다' 같은 표현은 겹말인 셈이다. '진력을 다하다'는 '온 힘을 다하다' '있는 힘을 다하다' '진력하다'처럼 표현하는 것이 바람직하다.

---

*다할 진, 힘 력

㉮ 한국 대표팀은 많은 이의 우려가 무색하게 연장전이 끝날 때까지 **혼신의 힘을 다해** 뛰었다. ◎

㉯ 모차르트는 레퀴엠을 작곡하기 시작하자마자 병이 났으나 작업을 멈추기는커녕 오히려 그것을 완성하는 데 **혼신을 바쳤다.** ◎

㉰ **혼신을 다해** 뛰면 언제든 기회가 있고, 끊임없이 두드리면 언젠가는 골문이 열린다는 메시지를 전한 것이다. ✖

㉱ 협회 관계자는 "호주전 막판 주저앉을 정도로 **혼신을 다한** 김민재가 청소를 하고 가야겠다고 생각한 게 색달랐다"라고 했다. ✖

# 만원사례 + 이루다

滿 찰 만 　員 인원 원 　謝 사례할 사 　禮 예도 례

극장과 관련된 표현을 하나 짚어 보자. 인터넷으로 영화 관람을 예약하는 요즘은 보기 이렵지만 예전에는 인기 영화를 상영하는 극장에서 관객을 더 받을 수 없을 정도로 관객이 꽉 차면 매표구에 '만원사례(滿員謝禮)'라고 써 붙이곤 했다. '만원사례'란 정한 인원이 꽉 차게 해 주어서, 다시 말해 만원을 이루게 해 주어서 고맙다는 뜻이다. 극장 매표구에 '만원사례' 네 글자가 나붙으면 영화를 보고 싶어도 발길을 돌릴 수밖에 없다.

　이 '만원사례'의 뜻을 오해하여 어떤 행사에 더 들어갈 수 없을 만큼 인원이 차면 '만원사례를 이뤘다'처럼 표현하곤 한다. 이는 '인원이 꽉 차게 해 주어서 고마움을 이뤘다'라는 어색한 말이 되고 만다. 표준국어대사전

에서는 "만원사례를 이루다" "연일 만원사례를 기록하다"를 용례로 제시했는데 이 '이루다'나 '기록하다'와 함께할 말은 '만원사례'가 아니라 '만원'이므로 잘못이다. '축구 국가대표팀의 친선 경기를 보러 온 관중이 만원을 이뤘다'처럼 써야 한다. 혹은 '극장이 만원이다' '경기장이 만원이다' '버스가 만원이다'처럼 '만원이다' 꼴로 쓸 수도 있다.

㉮ 대전 오늘도 **만원사례**, 구단 역대 홈 최다 10경기 연속 매진. ◎

㉯ 정규리그 개막전 두산 베어스전에서 **만원사례를 이룬** 데 이어 한 달여 만에 다시 홈경기 매진을 기록했다. ✘

㉰ KT 위즈가 창단 최초로 개막 2연전 **만원사례를 달성했다.** ✘

# 양해 + 말씀

諒 살필 량  解 풀 해


"시청자 폭주로 기사 송출에 일시적인 장애가 발생했습니다. 시청자와 구독자 여러분께 양해의 말씀을 드립니다."

방송 송출에 문제가 생긴 한 방송사에서 시청자들에게 사과한 내용인데 시청자와 구독자에게 '양해의 말씀을 드립니다'라고 했다. 이 사과문은 '방송사가 시청자 구독자의 사정을 잘 헤아려 너그러이 받아들이겠다는 말씀을 드린다'는 뜻이 된다. '양해(諒解)'가 '남의 사정을 잘 헤아려 너그러이 받아들임'을 뜻하기 때문이다. 시청자·구독자에게 너그러이 받아들여 달라고 부탁해야 할 터인데 거꾸로 방송사가 그리하겠다고 하니 주객이 전도됐다고 할밖에.

'양해의 말씀을 드리는'이라는 말은 의외로 자주 듣게 된다. 각종 행사장에서 행사 시간이 지연되든가, 진행이 매끄럽지 못하든가 하면 관계자들이 사과하면서 이런 식으로 말한다. 이런 상황에서 드려야 할 것은 '양해의 말씀'이 아니라 '사과의 말씀'이다. 굳이 '양해'라는 말을 쓰고 싶으면 '양해를 구하고/바라고/부탁하고/얻어야' 한다. '양해'는 '이해'와 같은 말이다. '이해의 말씀을 드립니다'라고 하면 얼마나 어색한지 단박에 드러난다.

코로나가 창궐하여 정부에서 재난 지원금을 지급할 때 당시 대통령이 "전 국민 지원은 아니지만 상대적으로 좀 더 여유가 있는 분들에게 양해의 말씀을 구한다"라고 했다. 이처럼 구하는 것은 좋지만 구할 대상은 '말씀'이 아니다. 구할 대상은 '양해' 그 자체이므로 '양해의 말씀을 구하는 것'은 잘못이다. '양해를 구합니다'라고만 하면 될 일이다.

자신의 잘못이나 실수 때문에 언짢아할 상대에게 '사과의 말씀'을 전할 때는 '양해를 구하다/바라다/부탁하다'라고, 상대가 양해해 주면 '양해를 얻었다'라고 표현해야 한다. 동사 '양해하다'를 쓴다면 '양해해 주십시

오' '양해해 주기 바랍니다'라고 하면 된다.

㉮ 그는 "시즌 개막전 전에 **양해를 구해** 이정효 감독을 국가대표 감독으로 보내면 좋겠다"라고 추천하기도 했다. **ⓞ**

㉯ 시청자 여러분께 방송 음질이 고르지 못할 수도 있다는 점 미리 **양해의 말씀 드리겠습니다. ⓧ**

㉰ 성남시 관계자는 "수내교 전면 사용 제한 조치로 시민들에게 불편을 끼쳐 드린 점에 대해 깊은 **양해의 말씀을 드린다**"라고 말했다. **ⓧ**

# 청부 + 입법

請 청할 청  負 짐 질 부

㉮ 범인들은 음주 운전자가 돈을 주지 않으면 10대들에게 **폭력을 청부**하기도 했다.

㉯ **공갈범 일당의 청부를 받은** 10대 청소년들에게 집단 폭행까지 당했기 때문이다.

서로 다른 기사지만 같은 사건을 다룬 문장이다. 이 두 문장에 따르면 범인들, 즉 공갈범 일당이 폭행을 청부했다. 하지만 이는 주객이 뒤바뀐 표현이다. '청부(請負)'는 일을 완성하는 대가로 일정한 보수를 받기로 약속하고 그 일을 떠맡는 것이기 때문이다. 따라서 청부한 주체는 범인들이 아니라 10대 청소년들이다. 그러면 범인들이 한 행동은 어떤 식으로 표현해야 할까? 범인들은 청소년들에게 범행을 부탁하고 의뢰하고 교사한 것이다.

'청부'는 건설업이나 토목업, 제조업 등에서 많이 쓰이는 말이다. 예컨대 큰 공사를 맡은 기업이 전체 공사의 각 부문 또는 일정 부분을 쪼개 규모가 작은 여러 기업에 맡길 때 주로 쓴다. 이때도 '청부하는' 쪽은 큰 기업이 아니라 작은 기업이다.

토목업계 건설업계 제조업계는 물론 범죄자들까지 공사든 범행이든 맡기는지, 맡는지를 가리지 않고 '청부'를 뒤섞어 쓰는 형편이다. 표준국어대사전은 '청부'를 '일을 완성하는 대가로 일정한 보수를 받기로 약속하고 그 일을 떠맡음'이라고 풀이하고 '또는 그 일'이라고 덧붙였다. 덧붙인 풀이가 뜬금없다. '그 일을 떠맡는 일'이라는 것인데 무슨 뜻인지 알기 어렵다. 사족에 지나지 않을 듯하다. 다만 파생 동사 '청부하다'의 뜻풀이에서는 '일을 완성하는 대가로 일정한 보수를 받기로 약속하고 그 일을 떠맡다'라고만 했다.

'청부'는 순화 대상어이다. 일본어에서 온 말로 순화어는 '도급(都給*)'이다. '도급'은 '일정한 기간이나 시간 안에 끝내야 할 일의 양을 도거리로 맡거나 맡김'을 뜻하므로 맡는 쪽과 맡기는 쪽에 두루 쓸 수 있다. 청부한 회사가 자기 몫의 일부를 다시 다른 회사에 맡기는 것을 '하청'이라고 하는데 이 역시 '하도급'이 순화어이다.

현재 산업계에서는 '청부'를 '도급'으로 순화해 나가는 듯하다. 다만 범죄와 관련하여 '도급'이란 말을 쓴다면 무척이나 생뚱맞을 듯하니 순화하라고 권하지는 못하겠다.

'청부'는 어떤 일을 맡는 것이며, '부탁/의뢰'는 어떤 일을 해 달라고 청하는 것이고, '교사'는 나쁜 짓을 하라고 부추기는 것이다.

㉻ 이들은 부부 주검을 훼손한 혐의로 체포된 뒤 대가를 받았다고 밝혀 **청부 살인** 가능성이 제기됐다. ◎

㉼ 한국토지주택공사가 발주했으며 남진건설, 대상건설이 **공동 도급했다.** ◎

㉽ 정부가 여야 의원에게 입법을 요청하는 이른바 '**청부 입법**' 관행을 금지할 필요가 있다. ✕

㉾ 공범에게 유명 음식점 대표 살해를 **청부한** 주범에게 항소심에서도 무기징역이 선고됐다. ✕

# 경우 + 바르다

境 지경 경  遇 만날 우

화투 놀이를 즐기는 사람이라면 '경우가 삼칠장'이라는 말을 들어 보기도 하고 스스로 그런 말을 하기도 했으리라. 무슨 뜻일까.『우리말 어원사전』(김민수 지음, 태학사)에서는 '경우가 삼칠장이라'를 "사물의 옳고 그름과 좋고 나쁨을 분간하지 못함"이라고 밝혔다. 이어서 "삼칠장은 투전에서 쓰는 말로 3과 7을 합하면 10이 되는데, 이때 10점은 끗수를 따질 때 0으로 친다. 즉, 투전에서 삼칠장은 아무짝에도 쓸 데가 없다고 해서 생긴 말이다. 경우는 경위(涇渭*)가 올바른 표기로 표준말에서 벗어나 통상적으로 사용하는 발음에 따른 표기이다"라고 설명했다. 표준국어대사전에서도 표제어 '경위'의 속담으로 "경위가 삼칠장이라"를 올렸다. 그 풀이는 어원사

* 통할 경, 물 이름 위

전과 매한가지다.

'경우'와 '경위'는 어떻게 다를까?

표준국어대사전에서는 '경우(境遇)'를 "사리나 도리" "놓여 있는 조건이나 놓이게 된 형편이나 사정"으로 풀이했다. 그런데 통상 '지경'과 '만나다'로 풀이하는 '境'과 '遇'는 자전에서 확인해 보아도 '사리나 도리'로 풀이할 근거가 전혀 없다.

한편 '경위'는 황허(黃河)의 지류인 징수이강(涇水)과 웨이수이강(渭水)의 '涇'과 '渭'로 이루어진 말이다. 물이 탁한 경수와 물이 맑은 위수가 시안(西安)에서 합류한 뒤에도 뚜렷이 구별되는 데서 나온 말로 '사리의 옳고 그름이나 이러하고 저러함에 대한 분별'을 나타내게 되었다.

이런 까닭으로 『연세 한국어사전』『고려대한국어대사전』『훈민정음 국어사전』 등에서는 '경우'를 조건, 형편, 사정으로만 풀이하고 '사리나 도리'라는 풀이는 하지 않았다. 『훈민정음 국어사전』과 『고려대한국어대사전』은 아예 한자 병기 없이 '경우'를 표제어로 올리고 '경위(涇渭)'의 잘못이라고 했으며 '경위'의 풀이에서는 '×경우'라고 잘못된 말임을 특기하기까지 했다.

사정이 이와 같은 만큼 '경우가 아니다/경우가 옳다/경우가 서다/경우에 닿다/경우에 마땅하다/경우에 맞다/경우에 틀리다/경우에 어긋나다/경우가 없다/경우가 분명하다/경우가 바르다/경우가 밝다' 같은 말은 모두 '경우'를 '경위'라고 해야 그야말로 '사리에 맞는' 말이 된다고 하겠다.

표준국어대사전은 언중의 현실 발음을 반영한 듯하다. 그렇다면 '경우(境遇)'가 아니라 한자 병기 없이 '경우'라는 표제어를 따로 싣고 '경위(涇渭)'에서 온 말임을 밝혀 주어야 마땅하다. 그야말로 '경우'든 '경위(涇渭)'든 '일이 진행되어 온 과정', 즉 경위(經緯*)를 밝혀 주어야 하지 않겠는가.

㉮ 어머니는 계모임의 초대 회장인 교양 아주머니가 **경위 바른** 사람이라며 아주 좋아했다. ⭕

㉯ 부부 동반으로 10만 원 들고 가 밥 먹고 오면 **경우 없는** 사람 소리 듣는다. ❌

㉰ 너무 **경우 없는** 행동을 하는 그분들을 보면서 할 말을 잃었습니다. ❌

㉱ 교사 자격을 묻고 따지려면 학부모의 자격도 성찰

---

하는 게 **경우에 맞다.** ⊗

　ⓝ ⓣ ⓡ는 표준국어대사전에 따르면 틀렸다고 할 수 없지만 앞에서 밝힌 바와 같이 '경위'라고 하는 것이 바람직하다. 국립국어원이 다른 사전들처럼 틀린 것으로 처리하든지, '경위'의 바뀐 말로 처리하여 인정하든지 어떤 식으로든 수정하기를 촉구한다.

# 유감 + 표하다

遺 남길 유  憾 섭섭할 감

'안절부절'이라는 말이 있다. '마음이 초조하고 불안하여 어찌할 바를 모르는 모양'을 나타내는 부사이다. 비표준어이던 이 말이 표준어로서 사전의 표제어로 오른 지는 그리 오래되지 않았다. 그런데 묘한 것이 '안절부절'에 동사를 만드는 접미사 '-하다'를 붙이면 잘못된 말이다. '-하다'가 아니라 '-못하다'를 붙여야 한다. 그래야 '마음이 초조하고 불안하여 어찌할 바를 모르다'라는 뜻의 동사가 된다. 본디 '안절부절못하다'만 표준어로 인정되던 것이 언중이 '안절부절'의 꼴로써 부사로 사용하니 그걸 인정했는데 그 파생어라고 할 만한 '안절부절하다'는 인정하지 않고 '안절부절못하다'의 잘못으로 처리한 것이다. 그 바람에 반대의 뜻이라야 마땅해 보이는

'안절부절'과 '안절부절못하다'의 관계가 품사는 다르지만 그 뜻하는 바는 같아지는 희한한 일이 벌어졌다.

이와는 달리 상반되는 뜻을 나타내는 낱말이 있다. 동시에 상반되는 뜻을 나타내지는 못하지만 누가 어떤 상황에서 쓰느냐에 따라 정반대의 뜻이 되곤 한다. 바로 '유감(遺憾)'이다. '유감'은 본디 '마음에 차지 아니하여 섭섭하거나 불만스럽게 남아 있는 느낌'을 뜻하는데 그 반대인 '사과'의 뜻으로도 쓰인다.

"우리 정부는 중국·러시아 군용기가 KADIZ에 진입한 것과 관련해 이날 두 나라에 유감을 표명하고 재발 방지를 촉구했다"와 "혁신위원장 낙마 사태와 관련해 이 대표의 적절한 수준의 유감 표명이 필요하다"라는 두 문장의 '유감'은 상반된 뜻을 보인다. 전자에서는 '유감'이 원뜻대로 쓰인 것이며 후자에서는 '사과'의 뜻으로 쓰인 것이다. 심지어 '마음의 상처를 받았을 모든 분에게 깊은 유감의 말씀을 드린다'처럼 쓰기도 한다. 말하는 이가 듣는 이에게 유감이 있다는 말을 하겠다는 뜻일 수밖에 없다. 이런 유의 말로 사과했다며 두루뭉수리로 은근슬쩍 넘어가는 것이다.

섭섭함이나 불만이 남아 있으면 '유감이 있다'라고

하며 남아 있지 않으면 '유감이 없다'라고 한다. 유감을 마음속에 간직하는 것은 '유감을 품다'이며, 유감을 겉으로 드러내는 것은 '유감을 표하다' '유감을 표명하다'이다. '유감'에는 사과한다는 뜻이 없으므로 사과해야 할 상황에서는 '미안하다/죄송하다/송구하다' 같은 형용사로써 사과의 뜻을 확실하게 나타내든지 '사과하다/사죄하다' 같은 동사로써 제대로 사과하여야 한다. '유감'으로써 어정쩡하게 넘기면 유감스러운 상황만 이어질 뿐이다.

㉮  병원 측은 의료진 폭행 사건에 **유감을 나타내며** 응급실 등 필수 의료 분야에 대한 근무 여건이 개선돼야 한다고 강조했습니다. **○**

㉯  의과대학 학장들은 교육부 수요 조사 당시 무리한 희망 증원 규모를 제출했던 점을 인정하고 **유감을 표했다.** **✕**

㉰  증거인멸과 같은 불미스러운 일이 발생해 물의를 빚은 것을 대단히 송구하고 **유감스럽게** 생각한다. **✕**

# 부상 + 입다

負 짐질 부　傷 상처 상

살다 보면 뜻하지 않게 다치는 일이 생긴다. 교통사고로 다치기도 하고, 운동하다 다치기도 하고, 심지어 일상생활을 하다가도 다친다. 싸움터에서도 다치고, 산업 현장에서도 다친다. 그야말로 때와 장소를 가리지 않고 다친다고 할 만하다.

이렇게 다치는 일을 한자어로 표현할 때 흔히 '부상당하다'나 '부상을 입다'라고 한다. '이 사고로 골절 등이 의심되는 부상을 입은 두 사람은 병원으로 옮겨졌다'라든지 '이 사고로 60대 여성 운전자가 갈비뼈 부상을 당했다'라고 하는 식이다.

'부상(負傷)'은 '몸에 상처를 입음'을 뜻하는 말이다. 그러니 '부상당하다/부상을 입다'는 풀어놓으면 '몸에 상처를 입음을 당하다/몸에 상처를 입음을 입다'처럼 어색한 표현이 된다. 이미 '입음'을 뜻하는 말에 '당하다'나 '입다'라는 말을 덧붙이는 바람에 그렇게 되는 것이다. 이 '부상'에는 동사를 만드는 접미사 '–하다'만을 붙여 '부상하다'라고만 하면 충분하다.

'부상당하다'나 '부상을 입다' 같은 표현은 언중이 너무 많이, 자연스럽게 쓴다. 언어의 특성상 이다지도 많이 쓰는데 틀렸으니 써서는 안 된다고 하기 어렵다. 하지만 특별히 강조의 뜻이 있는 것도 아니니 만큼 삼가는 것이 좋다. 말할 때는 혹 그렇다 하더라도 글을 쓸 때는 '부상하다'가 훨씬 간결한 표현이 된다.

이 '부상하다'는 고유어 '다치다'로 바꿔 써도 아무 문제가 없다. 또는 뜻풀이에 나오듯이 '상처를 입다/상처가 나다'라고도 할 수 있다. 다만 '상처'는 '다친 자리'이기 때문에 뼈가 부러진다든지 하는 상황에 쓰기에는 부적절한 면이 있다.

또 '부상'의 경중을 따져서 가볍게 다쳤으면 '경상', 심하게 다쳤으면 '중상'이라고 한다. 이 '경상'과 '중상'은 통상 '입다'와 어울려 '경상을 입다' '중상을 입다'처럼 쓴다. 사전에는 '경상'과 '중상'에 동사를 만드는 접미사 '–하다'를 붙여 '경상하다' '중상하다'를 표제어로 올려놓았으나 실제로 그렇게 쓰인 예는 많지 않다.

㉮　60대 SUV 운전자 1명이 **크게 다쳤고,** ◎

㉯　동승자 3명과 태안소방서 대원 3명 등 6명이 **경상을 입는** 등 ◎

㉰　총 7명이 **부상을 입고** 병원으로 옮겨졌습니다. ✖

# 불문 + 부치다

不 아닐 불　問 물을 문

어떤 술을 마시겠느냐고 물으면 술꾼들은 "나는 청탁 불
문이야"처럼 호기롭게 답하곤 한다. 청주나 소주 같은
맑은 술이든, 막걸리 같은 탁한 술이든 다 좋다는 말이
다. 이때의 '불문(不問)'은 가리지 않는다는 뜻이다. 채
용 공고 같은 데서 볼 수 있는 '남녀 불문'도 마찬가지다.

　'과거 불문' '불문가지(不問可知)'처럼 쓰기도 하는
데 이때의 '불문'은 묻지 않는다는 뜻이다. 즉 '과거 불문'
은 당사자가 과거에 어떤 일이나 행동을 했는지 묻지 않
음을, '불문가지'는 묻지 않아도 알 수 있음을 나타낸다.

　따지지 않음을 나타내기도 한다. '불문곡직(不問曲
直)'이라고 할 때는 옳은지 그른지를 따지지 않는다는
뜻이다.

어떤 이가 바람직하지 못한 일이나 행동을 했을 때 그 일을 거론하거나 문제 삼지 않겠다는 뜻을 드러낼 때는 흔히 '불문에 [부치다]'라고 표현한다. 그런데 '불문에'와 함께 쓸 낱말 [부치다]는 '부치다'일까, '붙이다'일까? 말할 때야 발음이 같으니 문제없는데 글로 쓰려면 어떤 것이 맞는지 헷갈리기 십상이다.

답부터 말하자면 '불문에'는 '부치다'와 어울린다. 이때의 '부치다'는 '어떤 일을 거론하거나 문제 삼지 아니하는 상태에 있게 하다'라는 뜻이다. '비밀에 부치다/극비에 부치다' 같은 표현도 마찬가지다.

'붙이다'는 국어사전의 첫 번째 뜻풀이가 '맞닿아 떨어지지 않게 하다'인 데서 알 수 있듯이 '조건을 붙이다'처럼 무언가에 딸리게 하고, '흥미를 붙이다'처럼 무언가와 가까워지게 하고, '흥정을 붙이다'처럼 서로 어울리게 하는 것이 연상되는 현상이나 행위를 표현할 때 쓴다.

㉮ 응답자의 절반 이상이 차기 축구 대표팀 감독은 **국적 불문에** 다음 월드컵까지 임기를 보장해야 한다는 의견을 낸 것이다. ◉

㉯ 정부는 전공의들이 이날까지 복귀하면 **불문에 부치겠다**고 밝혔다. **◐**

㉰ 숱한 문제들을 **불문에 붙이고** '좋은 게 좋은 것'이라고 넘어가는 것이 미래를 위한 결단인가. **⊗**

㉱ 우리금융그룹은 은행장 선임 과정을 **불문에 붙이면서** 어떠한 정보도 외부로 흘러나가지 않게 철저히 입단속을 하고 있다. **⊗**

# 시험 + 응시

試 시험할 시  驗 시험 험

실력을 평가하는 시험 문항은 객관식과 주관식 두 유형
으로 나뉜다. 객관식이라고 하면 흔히 사지선다형을 떠
올린다. 네 항목 가운데 문제에 맞는 답 하나를 고르는
방식이다. '오/엑스'로 답하는 것도 객관식이다. 또 관계
있는 항목끼리 줄로 잇는 것도 객관식이다. 이에 반해 주
관식은 자신의 생각을 담아 문장으로써 답하는 것이다.
그러면 한두 개의 낱말로 써서 답하는 것은 어느 쪽일
까? 정답이 하나밖에 없다면 주관식이 아니라 객관식이
다. 예컨대 선택지 없이 '대한민국에서 가장 큰 섬은 어
디인가?'라고 묻는 문제라면 '제주도'만이 정답이다. 이
문제는 그 답에 수험생의 주관이 들어갈 여지가 없기 때
문에 주관식이 아니라 객관식이다.

이처럼 시험을 치르거나 할 때면 '답'을 '맞혀야' 할까, '맞춰야' 할까?

'답'은 맞힐 수도 있고 맞출 수도 있다. 정답을 고르거나 적었다면 '맞힌' 것이다. 시험을 끝내고 몇 개나 맞혔는지 알기 위해 정답지와 자신의 답을 비교하는 것은 '맞춰 보는' 것이다. 정답지뿐만 아니라 자신의 답을 다른 사람이 고른 답과 비교하는 것도 '맞춰 보는' 것이다. '스물다섯 문제 가운데 스물세 문제의 답을 맞혔다' '시험이 끝나자 아이들이 서로 답을 맞춰 보느라 분주했다'처럼 쓴다.

'시험(試驗)'으로 평가받는 행위는 '시험을 보다/치다/치르다'처럼 다양하게 표현할 수 있다. '시험에 응시하다'라고도 하는데 이는 '응시(應試)'가 '시험에 응함'을 뜻하므로 겹말이니 피하는 편이 좋다. 시험을 통과하면 '시험에 합격하다/붙다'라고 하며, 통과하지 못하면 '시험에 떨어졌다/미끄러졌다' '시험에서 떨어졌다'라고 한다.

㉮ 1교시 직후 쉬는 시간에는 **답을 맞춰** 보지 않는 것이 좋다. ◎

ⓐ 두 번째로 정답률이 낮은 문제는 33번으로 36.8퍼
센트만이 **답을 맞혔다. ◎**

ⓑ 지난해 금융 이해력 조사에서 가장 정답률이 낮았
던 문항이 복리 계산 문제였다. 10명 중 4명만 **답을
맞혔다. ◎**

ⓒ "우리말 '자몽하다'의 뜻은"이라는 문제에서 "몽롱
하다"라고 **답을 맞혔다. ✕**

# 지점 + 이다

地 땅 지　點 점찍을 점

근래 아무 관련도 없는 뜻을 더한 낱말이 하나 있다. 일상의 대화에서보다는 글이나 방송 대담 프로그램 출연자의 말에서 자주 접할 수 있다. 바로 '지점'이다. 다음 예문들에서 확인해 보자.

㉮　대학의 연구 성과가 스타트업 창업이나 기술 이전으로 이어지고, 창업 전문가와 투자자들이 세계적 연구자들을 찾아다니는 선순환이 활발히 일어나고 있다. MIT의 공학과 하버드의 의학이 융합돼 혁신 기술로 변신하고 있는 **지점이다**.

㉯　신군부 '수괴'였던 전두환 당시 보안사령관의 의중을 심복인 장 씨가 현지 계엄군 지휘부에 전달하는

비공식 지휘계통이 가동됐을 수 있다. 전두환의 유혈진압 책임을 더욱 철저히 규명하는 차원에서 주목할 **지점이다**.

㉱ 특정국 대사에 대해 윤 대통령이 직접 문제점을 거론하면서, 중국은 문제가 확산되는 것을 피하면서 상황 관리를 모색하는 것으로 보인다. 중국으로서는 이번 사태로 '전랑(戰狼·늑대전사) 외교'가 국제 문제로 부각되는 것도 우려의 **지점이다**.

㉲ 우리는 전통적 음악저작권과 AI가 만드는 음악에 대한 저작권, 두 개를 모두 보호해야 하는 상황이지만 상충되는 **지점이 분명히 존재한다**.

이 예문들에 쓰인 '지점'은 분명 '地點'일 테다. 표준 국어대사전에 '지점'이 '支店*' '至點**' 등 7개나 표제어로 올라 있지만 예문들에 쓰인 '지점'을 명쾌하게 설명해 주는 낱말이 없다. 그나마 이거겠다 싶은 것은 '地點'뿐이다.

'지점'은 '땅 위의 일정한 점'이다. 하지만 "북한이 발사한 우주발사체는 어청도에서 200여 킬로미터 떨어진 서해상의 한·중 잠정 조치 수역에 추락했다. 우리 군

---

\* 지탱할 지, 가게 점
\*\* 이를 지, 점찍을 점

은 당일 오전 낙하지점에서 우주발사체 잔해로 추정되는 물체를 식별했다"처럼 바다 가운데의 한 점에 해당하는 곳도 통상 '지점'이라고 하는 것으로 미루어 뜻풀이의 '땅 위'는 '지구상'의 의미로 보아야 할 듯하다. 어쨌든 '땅 위의 일정한 점' 말고 다른 뜻은 없다.

위의 예문들은 문장 앞부분에서 서술한 상황을 '지점'이라는 낱말로 나타내고 있다. 뜻풀이 중 '땅 위의'라는 전제를 생략하고 '일정한 점'만 차용한 듯하나 그래선 안 된다. 이 '지점'들은 문맥에 맞추어 '상황, 부분, 대목' 같은 말로 바꾸어야 말하고자 하는 바를 정확히 나타낼 수 있다. 예컨대 예문 ㉮는 '상황'으로, ㉯는 '부분'이나 '대목'으로, ㉰는 '(우려할) 대목'으로, ㉱는 '부분'으로 바꾸면 뜻이 확실해진다.

# 전망 + 이다

展 펼 전  望 바랄 망

글을 쓸 때는 상황에 맞는 낱말을 적절히 골라 써야 하며 더 나아가 각각의 문장 구성 요소가 호응할 수 있도록 해야 한다. 이걸 제대로 하지 못하면 이른바 비문이 된다. 주어와 술어, 수식어와 피수식어가 따로 놀아서는 안 된다. 목적어와 부사어도 술어와 조화를 이루어야 한다. 예컨대 '동생은 아이스크림을, 나는 주스를 마셨다'는 목적어와 술어가 호응을 이루지 못했다. 아이스크림은 마시는 것이 아니므로 '아이스크림을 먹고'처럼 앞 절의 술어를 생략하지 말고 다 살려 주어야 한다. 부사어 '여간해서는'에는 '달성하기 어려운 목표다'처럼 부정의 뜻을 나타내는 표현이 뒤따라야 한다. 호응을 염두에 두고 다음 문장들을 살펴보자.

㉮ 시간이 촉박한 탓에 임시 사령탑을 찾는 것이 쉽지 않을 **전망이다**.

㉯ 대구 동구지역에서 에너지 안전망이 더욱 촘촘해질 **전망이다**.

각 문장에서 수식어와 부사어를 빼고 주어와 술어만 남기면 ㉮는 '사령탑을 찾는 것이 전망이다'가, ㉯는 '에너지 안전망이 전망이다'가 된다. '전망(展望)'의 첫 번째 뜻은 '넓고 먼 곳을 멀리 바라봄' 또는 '멀리 내다보이는 경치'이다. 주택 분양 광고 등에서 '북한산 뷰' '한강 뷰' '호수 뷰'라고 할 때의 '뷰(view)'가 바로 '전망'이다. 두 번째 뜻은 '앞날을 헤아려 내다봄' 또는 '내다보이는 장래의 상황'이다. 바로 예문 ㉮와 ㉯가 두 번째 뜻으로 쓰인 것이다. 그런데 각각의 주어 '사령탑을 찾는 것' '에너지 안전망'이 '전망'이 되므로 뜻이 통하지 않게 된다. 이른바 주술 호응이 되지 않는 셈이다.

이러한 문제는 '―라는 전망이 나왔다'라거나 주체를 밝혀 '―라는 것이 ―의 전망이다'의 구성으로 쓰면 쉽게 해결할 수 있다. ㉮는 '―쉽지 않다는 전망이 나왔다' '―쉽지 않다는 것이 축구계의 전망이다'라고 쓰면 된다.

마찬가지로 ㉯도 '-촘촘해질 수 있다는 전망이 나왔다' '-촘촘해진다는 것이 대구시의 전망이다'처럼 쓸 수 있다.

명사 '전망'을 동사 '전망하다'로 바꿔도 쉽게 해결할 수 있다. '전망하다'는 '-을 -으로' '-을 -고' '-으로' '-고'와 어울려 쓰인다. 이때는 전망하는 주체를 밝혀 주는 것도 잊지 말아야 한다. ㉮는 '시간이 촉박한 탓에 임시 사령탑을 찾는 것이 쉽지 않으리라고 축구계는 전망했다'처럼, ㉯는 '대구 동구지역에서 에너지 안전망이 더욱 촘촘해질 것이라고 대구시는 전망했다'처럼 쓴다.

'-할 전망이다' 꼴의 문장은 신문 방송의 기사뿐만 아니라 각종 보고서 등의 투식(套式)이 되었다고 할 수 있을 만큼 흔히 쓰인다. 하지만 이같이 비문을 만드는 잘못된 방식이다.

'전망이다'처럼 주술 호응이 제대로 되지 않는데도 많이 쓰이는 표현으로는 '보도다/소식이다/비판이다/지적이다/분석이다' 같은 것이 있다. 이들 표현 역시 비슷한 방식으로 바로잡을 수 있다.

㉰　업계에서는 '엑시노스 2500'이 경쟁작인 퀄컴 스냅

드래곤8 4세대를 넘어설 수 있을 것이라는 **전망도 나온다.** ◉

㉑ 질병관리청은 머지않은 미래에 또 다른 신종 감염병 팬데믹이 도래할 위험성이 **크다고 전망했다.** ◉

㉒ 국민연금연구원은 2027년 연금 급여로 지출하는 금액이 보험료 수입을 추월할 **것으로 전망했다.** ◉

㉓ 대중 견제가 원하는 만큼 성과를 거둘 수 없을 것이라는 **지적도 나온다.** ◉

㉔ 정부는 네이버가 지분을 매각할 것인지 하지 않을 것인지를 먼저 **밝혀야 한다고 지적했다.** ◉

㉕ 네이버 측의 의사에 반하는 불리한 조치가 있어선 **안 된다는 지적이다.** ✕

# 평가 + 하다

評 품평 평  價 값 가

사람은 늘 평가받는다. 직장인은 인사고과로 평가받고, 학생은 시험으로 평가받는다. 사사로운 관계에서도 알게 모르게 평가받는다. 평가하든 평가받든 평가에는 결과가 따르기 마련이다. 결과가 없으면 그 평가는 있으나 마나 한 헛일이다. 그런데 글로써 말로써 그런 헛일을 하는 사람이 의외로 많다. 이런 식이다.

"한 총리는 이어 해외 진출 최일선에서 활동하는 기업인들의 노고와, 한국과 영국 간 교류협력을 위한 동포들의 노력을 평가했다."

한덕수 국무총리의 영국 방문을 보도한 기사에 나오는 문장이다. 한덕수 국무총리가 기업인들의 노고와 동포들의 노력을 평가했다는 것이다. 그런데 이 기사 어디에도 어떻게 평가했는지 밝혀 놓지 않았다.

'평가(評價)하다'는 '물건값을 헤아려 매기다' '사물의 가치나 수준 따위를 헤아려 정하다'를 뜻하는 말이다. '-을 -으로 평가하다/-을 -게 평가하다/-을 -고 평가하다/-고 평가하다'의 구성으로 쓰인다. 무엇을 긍정적으로 평가한다든지, 좋게 평가한다든지, 형편없다고 평가한다든지, 대단하다고 평가한다든지 하는, 다시 말해 그 평가 결과에 해당하는 부사어가 있어야 한다. 그런 부사어 없이 '-을 평가하다'처럼 쓸 수는 있다. 다만 해당 글의 다른 부분에서라도 결과와 관련한 내용을 언급해야 제대로 된 글이 된다. 예문의 내용은 한 총리가 기업인들의 노고와 동포들의 노력을 '높이' 또는 '좋게' 평가한 것으로 짐작된다.

'평가하다'에는 '높이/낮게/좋게/나쁘게'같이 긍정의 표현이든 부정의 표현이든 평가 결과에 해당하는 부사어를 어울려 써서 평가한 사람의 생각, 다시 말해 평가의 결과를 나타내 주어야 한다. '우리는 이번 결정을 긍정적으로 평가한다' '우리는 이번 결정을 높이 평가한다' '우리는 이번 결정을 바람직하지 않다고 평가한다'처럼 말이다. 이런 부사어를 생략하면 비문이 되고 만다.

㉮ 포천의 자연과 문화예술을 조화롭게 녹여 낸 억새꽃 축제의 발전 가능성을 **높이 평가했다**. ◉

㉯ 다수의 외국인 투자자는 거래 시간을 런던 영업시간에 맞춰 대폭 확대한 조치를 **긍정적으로 평가했다**. ◉

㉰ 그는 "말이 아닌 확실한 성과를 보여 드리는 의정 활동을 한 것을 유권자들이 **평가해 주었다**"라고 말했다. ✕

# 여간 + 어렵다

如 같을 여  干 약간 간

'조금'은 '정도나 분량이 적게'를 나타내는 말이다. 준말은 '좀'이다. 이 조금이나 좀에 해당하는 한자어로는 '약간(若干)'이 있다. '음식에 소금을 조금 넣어 먹어라' '잠을 자고 나니 기분이 조금 좋아졌다'처럼 쓴다. 이런 때의 '조금'은 '약간'으로 바꾸어 쓸 수 있다.

'약간'과 비슷한 듯하여 많이들 헷갈려 쓰는 말이 있다. '여간(如干)'이다. 이 '여간'을 '명절을 맞아 고향에 내려올 가족에게 걱정거리를 또 더한 점도 여간 부담스럽다' '모든 조건을 만족하는 곳을 보금자리로 찾는 게 여간 어려운 일이다'처럼 쓰기도 한다.

표준국어대사전에서는 '여간'을 부사로 분류하고 "그 상태가 보통으로 보아 넘길 만한 것임을 나타내는 말"이라고 풀이했다. 『훈민정음 국어사전』은 부사는 물론 명사, 관형사로도 분류하고 "보통으로. 또는 어지간히"(부사), "웬만한. 또는 어지간한"(관형사), "보통의 정도. 또는 만만한 정도"(명사)라고 풀이했다. 부사든 관형사든 명사든 보통이거나/어지간하거나/웬만하거나/만만함을 나타내는 말임을 알 수 있다.

그런데 앞에 제시한 문장에서처럼 '여간 부담스럽다/여간 어려운 일이다'라고 할 때는 문맥으로 보아 '매우/몹시/무척' 따위의 말이 적절할 듯하며, '보통'을 나타내는 '여간'은 알맞지 않아 보인다. 뜻으로도 그렇거니와 용법에도 잘못이 있기 때문이다. '여간'은 긍정문이 아니라 부정문에 쓰인다. '아니다'나 '않다' 같은 부정의 뜻을 나타내는 술어와 함께 써야 한다. 즉 '여간 부담스럽다'는 '여간 부담스럽지 않다'나 '여간 부담스러운 게 아니다'라고, '여간 어려운 일이다'는 '여간 어려운 일이 아니다'라고 하여야 바른 표현이 된다.

'여간(이) 아니다'의 구성으로 쓰이면 '보통이 아니고 대단하다'라는 뜻의 관용구가 된다. '어린애가 하는 짓이 여간이 아니다'처럼 쓴다.

'여간'에 접미사 '-하다'가 붙은 '여간하다'는 형용사로서 '이만저만하거나 어지간하다'라는 뜻이 된다. '비는 여간해서 그칠 것 같지 않았다' '글 쓰는 일은 여간한 중노동이 아니다'처럼 쓴다. 이때도 역시 부정의 뜻을 나타내는 '아니다/않다'와 함께한다. 다만 '여간해서는' 꼴로 쓰면 '아니다'나 '않다' 외에 다른 부정의 뜻을 나타내는 표현이 오기도 한다. '여간해서는 이 문제를 풀기 어렵다'처럼 쓸 수 있다.

'여간'은 늘 '아니다'나 '않다'와 함께 쓴다는 사실을 기억하면 오류를 범할 일이 없다.

㉮  지역 종합병원들이 의료 공백을 메우겠다고 나선 건 **여간 반갑고 고마운 일이 아니다.** ◎

㉯  40여 년 전 알게 된 시원한 김치를 다시 만난 기쁨이 **여간 크지 않다.** ◎

㉰  초보 농부의 하루는 녹록지 않다. 몸 고생 마음고생이 **여간이 아니다.** ◎

㉱  차별받고 억압받는 존재였던 흑인들이 도움의 손길을 내미는 장면은 **여간해선 상상하기 어려웠다.** ◎

㉲  정확한 주소는 알지 못하고 건물명만으로 장소를 찾으려면 **여간 까다롭다.** ✘

# 가능(한) + 한

可 옳을 가  能 능할 능

'가능한 빨리 와라' '일을 가능한 많이 해 놓아야 한다' 같은 표현을 심심치 않게 보고 들을 수 있다. 그런데 이런 표현은 모두 잘못이다.

이때의 '가능한'은 '가능(可能)하다'의 어간에 어미 '-ㄴ'이 붙은 관형사형이다. 따라서 '가능한'이 꾸밀 말이 필요하다. 그러나 두 예문에는 '가능한'이 꾸며 줄 체언이 없다. 그래서 비문이다. 해결책은 아주 간단하다. 꾸밈을 받을 명사 하나만 더 넣어 주면 된다. 바로 '한(限)'이다. '가능한 한 빨리/가능한 한 많이'처럼 쓴다. 또 다른 방법은 '조건'을 나타내는 어미 '-면'을 활용하는 것이다. '가능하면 빨리/가능하면 많이'처럼 쓴다. '될 수 있는 대로 빨리/될 수 있으면 많이/되도록 많이' 같은 표현으로 대신할 수도 있다.

반드시 '가능한 한'의 구성으로만 쓰는 것은 아니다. '가능한'만으로 쓸 수도 있다. 뒷말이 명사일 때다. 예컨대 '가능한 수단'이라고 할 수 있다. 또 '가능한 모든 수단'이라고 하면 '가능한'과 '모든'이 동시에 '수단'을 수식하는 구조가 된다. 하지만 '가능한 모든 수단을 동원하다'나 '가능한 한 모든 수단을 동원하다'는 뜻이 다르다. 전자는 가능한 수단을 모두 동원한다는 뜻이며 후자는 할 수만 있다면 모든 수단을 동원한다는 뜻이 된다.

㉮ 군 비행장 주변 군사보호구역은 기지 방호를 위해 지정해 왔다. 국방부는 이를 **가능한 한 많이** 축소하겠다고 설명했다. ◉

㉯ 암헤르트 스위스 대통령은 "우크라이나 평화회의가 **가능하면 빨리** 열려야 한다"라고 촉구했다. ◉

㉰ 임대 후 분양으로 전환할 때, **가능하면 싼값에** 분양받기를 원하는 입주민과 갈등이 발생하기도 합니다. ◉

㉱ 판매자는 자신의 상품을 **가능한 비싸게** 팔려고 하고, 구매자는 **가능한 싸게** 사려고 한다. ✖

㉮ 정보를 **가능한 많이** 수집하고 그 정보가 맞는지도 확인해야 합니다. ✖

㉯ 대형 병원에서 당장 수술을 받지 못하자 전문 병원에서 **가능한 빨리** 수술을 받기 원하는 환자가 늘어난 것이다. ✖

'가능'은 "할 수 있거나 될 수 있음"을 뜻하며 파생어인 '가능성'은 "앞으로 실현될 수 있는 성질이나 정도" "앞으로 성장할 수 있는 성질이나 정도"를 나타낸다. 표준국어대사전의 뜻풀이이다. 『훈민정음 국어사전』은 '가능성'을 "일이 장차 실현될 수 있는 성질. 또는, 어떤 사람이 장차 어떤 훌륭한 일을 해낼 수 있는 능력"이라고 했다.

『훈민정음 국어사전』의 두 번째 뜻풀이에서 짐작할 수 있는바 이 '가능/가능성'에는 긍정의 어감이 있다. 그런데 요즘 이 말의 쓰임새를 보면 그런 어감이 깡그리 무시되는 경향이 있다.

예컨대 '전쟁이 발발할 가능성이 있다' '장마철에 강이 범람할 가능성이 있다'처럼 쓰는 것이다. 물론 각종 국어사전의 '될 수 있음' '실현될 수 있는'이라는 뜻풀이만으로 따지면 안 될 것은 없다. 실제로 바람직하지 않은 상황에 쓴 용례가 제시되어 있기도 하다. 그러나 전쟁의 발발이나 강의 범람과 같은 상황에서는 '가능'이나 '가능성'이 아니라 '우려'나 '소지' 같은 말로 적절히 바꿔 쓰면 화자의 감정을 전달하는 데 훨씬 도움이 된다. 때에 따라서는 '확률'이나 '개연성' 같은 말도 대안이 될 수 있다.

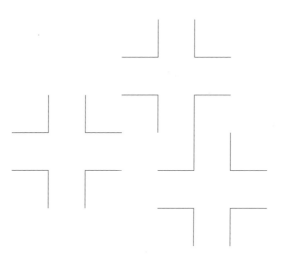

2장
조건이 맞지 않아
삐그덕대는 궁합

# 선진국 + 등극

登 오를 등　極 정점 극

2002년 월드컵 축구 대회에서 대한민국이 4위를 차지한 일은 아직까지도 우리를 흥분하게 한다. 이처럼 좋은 성적을 낼 때 하는 말이 있다. 또 우리 기술로 만든 제품이 세계 시장에서 4위 이내의 좋은 판매 실적을 보일 때도 이렇게 말하곤 한다.

'4강에 올랐다/들었다/진출했다/등극했다.'

즉 스포츠 경기에서의 순위나 특정 업계의 판도를 얘기할 때 흔히 쓰는 표현이다. '4강'에다 '반열'을 덧붙여 '4강 반열에 올랐다/들었다/진출했다/등극했다'처럼 쓰기도 한다. 물론 '4강' 말고도 '2강, 8강, 10강, 16강……' 처럼 각 분야의 상위권에 들면 이런 표현을 쓴다.

그뿐만 아니다. 요즘 각종 국제기구에서 대한민국

을 선진국으로 분류하는 일이 늘고 있다. 이런 일이 생길 때도 마찬가지로 표현한다. '선진국 반열에 올랐다/들었다/등극했다'라고 말이다.

이처럼 각 분야에서 매우 높은 자리를 차지할 때 '-에 올랐다/들었다/진출했다/등극했다'라고 한다. 차지하든, 오르든, 들든, 진출하든 다 좋은데 '등극(登極)'이란 말은 한번 따져볼 필요가 있다.

'등(登)'은 '오르다'를 뜻하고, '극(極)'은 '정점' '최고의 자리' '임금의 자리'를 나타낸다. '등극'은 말 그대로 정점에 오르는 것이요, 최고의 자리에 오르는 것이요, 임금의 자리에 오르는 것이다. 그야말로 더 높은 자리는 없는 제왕이 되는 것을 이르는 말이다. 요즘은 뜻이 확장되어 어떤 분야나 조직에서 최고의 자리에 오르는 것을 나타낼 때도 쓰인다.

스포츠 각 분야에서 순위를 따질 때 정점이자 최고의 자리는 당연히 1위요, 챔피언이다. 이렇게 최고의 자리를 차지했을 때 '등극'이라고 하는 것이다. 따라서 2위부터는 '등극'이라는 말이 어울리지 않는다. 회사든 기관이든 어떤 조직에서 최고의 자리에 오르거나 뽑혔을 때에나 적절한 표현이므로 아무리 권세 있는 자리라도 그 조직의 수장 자리가 아니라면 써서는 안 되는 말이 '등극'이다.

다시 말해 어떤 분야, 또는 어떤 조직 서열이나 순위에서 맨 윗자리나 앞자리를 차지할 때만 '등극'이란 말을 쓸 수 있다. "손흥민 선수가 잉글랜드 프리미어 리그 득점왕에 등극했다"처럼 말이다.

㉮   메시는 통산 8번째 **올해의 선수에 등극했다.** ◉

㉯   손흥민(토트넘)은 2023 아시아축구연맹(AFC) 아시안컵 **정상 등극이** 매우 간절하다. ◉

㉰   사전 투표에서는 방탄소년단 정국이 1위, 임영웅이 2위, 태민이 **3위에 등극했다.** ✕

㉱   김민재가 FIFA 산하 CIES 연구소가 공유한 통계 자료에서 전 세계 센터백 가운데 **2위에 등극했다.** ✕

㉲   피아트가 소폭의 판매 감소에도 불구하고 **10위권에 등극했다.** ✕

# 역͘대͘ + 급 + 기록

歷 지낼 력   代 대대로 대

한때 유행하다 말 줄 알았는데 날이 갈수록 세를 키워 가는 말이 있다.

인터넷에서 가끔 보인다 싶었는데 어느새 연예 프로그램 출연자들 입에 오르내리고, 인터넷 매체의 기사에 등장하는가 싶더니 이젠 방송 매체, 종이 매체의 기사에서도 어렵지 않게 듣고 볼 수 있다. 이미 언중의 말글살이에도 널리 퍼졌다. 바로 '역대급'이다.

'역대급'의 '급'은 일부 명사 뒤에 붙어 '그에 준하는'의 뜻을 더하는 접미사 '-급(級)'이다. '사장급 인사' '국보급 유물'처럼 쓴다. '사장급 인사'는 실제로 사장의 직책을 맡고 있지는 않지만 사장과 같은 직급으로 대우받는 사람이다. '국보급 유물'은 국보로 지정되지는 않았지만 국보와 견주어 손색없는 유물이다. 다시 말해 '사장에 준하는' 대우를 받는 사람을 '사장급 인사'라고 하며, '국보에 준하는' 가치가 있는 유물을 '국보급 유물'이라고 한다.

'역대(歷代)'는 '대대로 이어 내려온 여러 대' 또는 '그동안'을 나타낸다.

따라서 '역대급'은 '여러 대에 준하는' '그동안에 준하는'이란 뜻을 나타내게 되는데 이게 어색하기 짝이 없다.

'역대'는 '역대 대통령/역대 사장'처럼 어떤 직위를 거쳐 간 사람들을 묶어서 말할 때와 같이 '여러 대'임을 나타낸다. 또 '역대 전적/역대 최고/역대 최악/역대 2위'처럼 일정 기간에 걸쳐 이뤄진 기록이나 순위 등을 나타낼 때에도 쓴다. '역대급 선행'이나 '역대급 살인 사건' 같은 말은 그나마 좋고 나쁜 상황이 드러나 그런 표현을 한 의도를 짐작이라도 할 수 있다. '역대급 사건/역대급 투표율' 등의 표현에서는 그런 점이 전혀 드러나지 않는다. 사건이 역대급이라는 표현은 그 사건이 우리 사회에 좋은 영향을 미쳤다는 건지, 나쁜 영향을 미쳤다는 건지가 드러나지 않는다. 투표율이 역대급이라고 할 때도 투표율이 높다는 건지, 낮다는 건지 알 수 없다.

예컨대 '역대급 태풍'은 '역대 최강의 태풍'이라든가 '기록적인 피해를 준 태풍'처럼 표현해야 그 말의 의미가 제대로 전달된다. 이처럼 '역대'는 어떤 정도나 수준, 순위를 확실하게 나타내는 말과 함께 써야 한다. '역대급'이 아니라 '역대' '유사 이래' '사상 초유의' 같은 표현을 적절히 활용하여 자신이 의도하는 바를 표현해야 한다.

㉮ 지난해 인천항 적(積)컨테이너(화물이 담긴 컨테이너) 수출량이 **역대 최고치를** 기록한 것으로 나타났다. ⭕

㉯ **역대급 재정난으로** '허리띠 졸라매기'에 나선 광주시가 혈세 수천만 원을 날리게 됐다. ❌

㉰ 바이오 기업의 가치가 **역대급으로** 떨어지면서 매수 타이밍이 왔다는 분석도 나온다. ❌

㉱ **'역대급 침체'를** 겪고 있는 오피스텔 시장이 올해 반등할 수 있을 것이란 기대가 나오고 있다. ❌

㉲ 가수 임영웅이 아이돌 차트 평점 랭킹에서 **역대급 기록을** 달성 중이다. ❌

# 차이 + 월등

越 넘을 월  等 등급 등

'월등히 좋다/월등히 나쁘다/월등히 많다/월등히 적다/
월등히 높다/월등히 낮다/월등히 못하다' 등등. 어떤 상
태를 다른 사물과 비교하면서 그 정도를 강조할 때 '월등
(越等)'을 많이 활용한다. '월등하다'는 다른 것과 견주
어서 '수준'이 정도 이상으로 뛰어나다는 뜻이다. 뛰어나
다는 것은 다른 사람이나 사물보다 훌륭하거나 수준이
앞서는 것이다.

따라서 뛰어남을 나타내는 부사 '월등히'를 '나쁘
다/못하다' 같은 말과 함께 쓰는 것은 잘못임을 단박에
알 수 있다. 물론 많을수록 월등한 것도 있고 적을수록
월등한 것도 있을 수 있으며, 높을수록 월등한 것도 있고
낮을수록 월등한 것도 있을 수 있다. 크고 작은 것도 마

찬가지다. 예컨대 장점이 많으면 월등하겠지만 단점이 많으면 월등할 수 없다. '월등'은 뛰어나지 않은 상태의 사물을 표현하는 데는 부적절하며, 좋고/낮고/잘하고/뛰어난 사물을 표현할 때 쓰는 말이다. 성적이 '월등히 나쁘고', 수준이 '월등히 낮고', 품질이 '월등히 못하다'라고 하는 것은 잘못이다.

다른 사물과 비교하면서 '월등'을 쓰는 이유는 그 격차가 제법 크다는 것을 나타내려고 하기 때문인 듯하다. 하지만 그런 때에는 '월등히'가 아니라 '훨씬' 같은 말을 써야 한다. '정도 이상으로 차이가 나게'의 뜻이 있는 '훨씬'은 좋은 때도, 나쁜 때도 쓸 수 있는 말이다. '훨씬 좋다/훨씬 나쁘다'나 '훨씬 낫다/훨씬 못하다'처럼.

㉠ 비은행권의 연체율 상승 속도도 은행권보다 **월등히 빨랐다. ✗**

㉡ 집중력 정도에 따라 학업이나 업무 성취도가 **월등히 차이가 나서다. ✗**

㉢ 중도 탈락률 추이를 살펴보면 지방 사립대의 중도 탈락률이 **월등히 높았다. ✗**

㉣ 인구가 많아 사망자도 다른 지역보다 **월등히 많을**

수밖에 없다. ❌

　문맥에 이미 드러난 상태라면 '월등히 좋다/월등히 잘하다/월등히 낫다' 같은 표현은 겹말에 지나지 않는다. 겹말로써 강조의 효과가 크게 나타나는 것도 아니니 '월등하다'라고만 하여도 충분하다. '월등하다'는 주로 '-보다 월등하다'의 꼴로 쓴다.

ⓜ　KB는 여자프로농구 정규리그에서 **월등한 기량으로** BNK를 84-62로 제압했다. ⭕

ⓑ　우선 추천 지역이 아니더라도 공천 신청자 1명의 **경쟁력이 월등하면** 경선을 치르지 않는다. ⭕

ⓢ　치료 **효과가 월등하지만** 가격이 비싼 유방암 치료제의 건강보험 적용 가부가 논의되고 있습니다. ⭕

# 돌입 + 계획

突 갑자기 돌   入 들 입

말하고 글 쓰는 데 과장이 없으면 글맛이 반감되지 않을까? 악의만 없다면 때로는 침소봉대하는 표현도 버무려 넣는 것이 글맛을 내는 데 도움이 된다. 하지만 과유불급이다.

㉮   국민의힘은 서울 지역을 시작으로 지역별 **패인 분석에 돌입했다.**

㉯   협회는 이달 중 사업장 정상화를 위한 **추가 투자에 돌입할 계획**이다.

㉰   시장은 최근 금융주, 특히 은행주가 급등한 만큼 **숨고르기에 돌입했다**고 평가한다.

㉱   해경은 7일부터 이틀 동안 부산 지역 4개 수협을 방

문해 **휴어기에 돌입한** 어민을 대상으로 홍보 활동을
펼쳤다.

이 네 문장에 들어 있는 '돌입하다'는 무슨 뜻일까?

'돌입'은 갑자기 뛰어든다는 뜻이다. 그것도 세찬 기
세로. '갑자기'를 뜻하는 한자 '突'에서 유추할 수 있듯이,
'돌연' '돌발' 같은 말로써 추측할 수 있듯이 '돌입'은 예
상하지 못한 상황에서 갑작스럽게 어딘가에, 또는 어떤
상태에 들어가는 행동을 나타낸다. 문장 ㉮에는 '서울 지
역을 시작으로'라는 표현이 있으니 '차례차례' 한다는 느
낌이 강하게 든다. '갑자기'가 끼어들 분위기가 아니다.
㉯에는 '사업장 정상화를 위한' '계획'이라는 표현이 있
는 것으로 보아 여러 가지를 잘 고려하였을 것으로 보인
다. 게다가 '계획'은 아직 실행하지 않았다고 일러 준다.
갑작스러운 일이 아니라는 게 자연스레 드러난다. ㉰에
서는 '숨 고르기'라는 말이 눈에 띈다. '고르다'는 가지런
하게 하고 다듬거나 손질한다는 뜻이다. '갑자기'와는 동
떨어진 상황이다. ㉱에서는 '휴어기'가 역시 눈길을 끈
다. '휴어기'는 어로 작업을 쉬는 때이다. 휴어기는 이미
고지되어 있을 테니 어민들이 예상하지 못한 채 갑작스

럽게 쉬어야 할 일은 없다.

한마디로 과장을 넘어 잘못에 이른 표현이다. ㉮의 '패인 분석에 돌입했다'는 '패인 분석을 시작했다/패인을 분석하기 시작했다/패인 분석에 들어갔다' 정도면 충분하다. ㉯의 '정상화를 위한 추가 투자에 돌입할 계획이다'도 '정상화를 위해 추가로 투자할 계획이다'라고 하면 훌륭하다. ㉰의 '숨 고르기에 돌입했다고'는 '숨을 고르고 있다고/숨을 고르는 중이라고/숨 고르기를 시작했다고'처럼 쓰는 것이 독자의 숨을 안정되게 하는 표현이다. ㉱의 '휴어기에 돌입한'을 대신할 표현으로는 '휴어기를 맞은'이 안성맞춤이다.

'돌입하다'는 사람, 사람이 움직이는 도구, 또는 동물이 갑작스럽고 급박하게 별안간에 어딘가로 들이닥치거나, 어떤 상황이 급변할 때 써야 하는 낱말이다. 과정이 조금 빨리 전개된다고 해서 미리 또는 용의주도하게 계획한 일, 안정되고 느슨한 상태에 있는 사물에 써서는 안 된다.

㉲ 경찰이 수천억 원대 투자금을 가로챈 혐의를 받는 케이삼흥의 **강제 수사에 돌입했다.** ◉

ⓑ 사건 발생 당시 천호역 일대 주택가를 순찰 중이던 기동순찰대 2개 팀은 무전 지령을 듣는 **즉시 피의자 추적에 돌입했다.** ◎

# 굉장(히) + 작다

宏 클 굉 壯 클 장

'집이 굉장하다/사무실이 굉장히 좋다/굉장히 빠르다/굉장한 용기/굉장히 작다/굉상히 적다/굉장히 좁다' 등은 흔히 보고 듣는 표현이다.

'굉장(宏壯)하다'는 '아주 크고 훌륭하다' '보통 이상으로 대단하다'를 나타내는 말이다. '집이 굉장하다'는 집이 아주 크고 훌륭하다는 뜻이다. '굉장히 좋다/빠르다/무겁다' '굉장한 용기'라고 할 때의 '굉장히/굉장한'은 보통 이상으로 대단함을 나타낸다.

그러면 '굉장히 작다/적다/좁다/가볍다'라고 할 때는? '굉장히'가 크다는, 그것도 아주 크다는 뜻을 나타내는 부사이므로 '크다'의 반대말인 '작다'는 물론 양이나 수효의 크기가 작음을 뜻하는 '적다', 넓이나 너비의 크기가 작음을 뜻하는 '좁다', '무게가 일반적이거나 기준이 되는 대상의 것보다 적다'를 뜻하는 '가볍다' 같은 말을 수식하기에는 적당하지 않다. '빠르다'의 반대말인 '느리다' 같은 말도 마찬가지다. '미미하다/보잘것없다/하잘것없다/하찮다'도 같은 이유로 '굉장'과는 어울릴 수 없다. 이런 때는 '굉장히' 대신 '매우/무척/아주/몹시' 같은 부사어를 쓸 수 있다. 상황에 따라서는 '정말로'나 '참으로' 같은 말로써 대신할 수 있겠다. '매우/무척/아주/몹시/정말로/참말로'는 모두 크든 작든, 빠르든 느리든 관계없이 쓸 수 있다.

㉮  공천권을 다 행사하고 난 다음의 형식적 2선 후퇴는 효과가 **굉장히 적을** 것이다. ❌

㉯  재건축 기대감이 커진 만큼 집주인들이 물량을 내놓을 가능성은 **굉장히 적을** 것이다. ❌

㉰  아주 유명하고 대단한 것이 아니라 **굉장히 보잘것없는** 무언가를 남겨두고 싶었다. ❌

㉱  이상 진로를 택한 태풍이면서 **굉장히 느린** 속도로 이동하면서 오랜 기간 영향을 줬다. ❌

㉲  금성의 특징 중 하나가 자전 속도는 **굉장히 느린** 반

면, 대기 순환 속도는 빠르다는 것이다. ⊗

ⓑ 40대 미만 확진자들은 **굉장히 가벼운** 수준의 근육통
이나 두통만을 경험했다. ⊗

# 참사 + 주기

周 두루 주  忌 꺼릴 기

2014년 4월, 수백의 어린 학생이 차디찬 바다에서 유명을 달리했다. 이른바 세월호 참사다. 그 뒤로 4월이 되면 우리 사회는 그들을 추모하는 다양한 행사를 연다. 그때마다 등장하는 말이 '세월호 ○○주기' 또는 '세월호 참사 ○○주기'이다. 행사를 주최하는 측에서도 그렇게 쓰고 언론에서도 그렇게 보도한다.

 이때의 '주기'는 한자로 '周忌' 또는 '週*忌'로 쓴다. 표준국어대사전은 '주기'를 "사람이 죽은 뒤 그 날짜가 해마다 돌아오는 횟수를 나타내는 말"이라고 풀이했다. 이 뜻풀이 중 '사람이 죽은 뒤 그 날짜'란 바로 '제삿날', 다시 말해 '기일(忌日)'이다. 따라서 '주기'는 몇 번째 기일인지를 나타내는 표현이다. '내일이 바로 할아버지의

25주기가 되는 날이다'처럼 쓴다. 죽은 사람을 나타내는 말 뒤에 '○○주기'처럼 써서 몇 번째 기일인지를 밝히는 것이다.

'세월호 ○○주기' '세월호 참사 ○○주기'라고 할 때의 '세월호'나 '세월호 참사'는 '죽은 사람'을 나타내는 말이 아니다. '세월호'는 배 이름이고, '참사'는 '비참하고 끔찍한 일'이라는 뜻이다. 사람이 아닌 배나 참사에 제사를 지낼 수는 없는 노릇이니 '주기'라는 말을 써서는 안 되는 것이다.

1년을 단위로 돌아오는 그날은 '주년(周年/週年)'이라고 한다. 세월호 참사가 일어난 지 10년째가 되는 때라면 '세월호 참사 10주년'이다. 그렇다고 '세월호 10주년'이라고 표현할 수 없다. '주년'은 사건 사고뿐 아니라 우리가 기억하고 기념할 일에 두루 쓸 수 있지만 물건에는 쓸 수 없기 때문이다.

추측하건대 '주년'은 좋은 일에 쓰고 '주기'는 좋지 않은 일에 쓰는 것이라고 생각하여 인명이 희생되는 사고에 '주년' 대신 '주기'를 쓰는 듯하다. 이는 오해다. '주년'은 좋은 일과 안 좋은 일에 두루 쓴다. '개교 ○○주년' '창사 ○○주년'뿐만 아니라 '백범 선생 서거 ○○주년'

처럼 쓰며, 우리 민족 최악의 참사라고 할 '6 · 25전쟁'도 '주년'을 써서 몇 년째인지를 나타낸다.

굳이 '주기'를 써서 그날을 기념하고 싶다면 '세월호 참사 희생자 ○○주기'라고 하면 된다. '세월호 참사 ○○주년'과 '세월호 참사 희생자 ○○주기' '백범 선생 서거 ○○주년'과 '백범 선생 ○○주기'는 모두 바른 표현이다.

㉮ 지난해는 **현진건과 이상화의 80주기였고**, 금년 1월 16일은 이원록, 6월 29일은 **한용운의 80주기이며**, 내년은 **윤동주 80주기이다.** ◎

㉯ **이태원 참사 1주년을** 맞은 29일 여야는 참사 희생자들과 유가족들에게 위로를 전하면서도 후속 대응에 이견을 드러냈다. ◎

㉰ 2014년 4월 16일 발생한 **세월호 참사도** 내년이면 **10주년이다.** ◎

㉱ 올해는 **6 · 25전쟁 63주년이자 정전협정 체결 60주년을** 맞이하는 해이다. ◎

㉲ **이태원 참사 1주기를** 맞아 서울광장에서 열린 시민 추모대회에서 각계각층의 애도 물결이 이어졌다. ✖

㉺  세월호 참사 유가족 및 유관 단체 대표는 **참사 10주기** 추모 행사를 추진하기 위한 '**세월호 참사 10주기 위원회**' 구성을 알렸다. ⊗

이처럼 '주년'은 기억하고 기념할 일과, '주기'는 죽은 사람의 이름이나 호칭 등과 어울려야 궁합이 맞는다.

# 자정 + 까지

子 첫째 지지 자  正 바를 정

'자정(子正)'은 시각을 나타내는 말이니 만큼 일상에서 많이 쓴다. 그런데 '자정'이 날이 바뀌는 시점이라서 하루의 끝을 가리키는지, 시작을 가리키는지 헷갈리기 일쑤다. 예컨대 '25일 자정'이 '25일 0시'인지 '25일 24시'인지 헷갈린다. 둘 사이에는 무려 24시간, 즉 하루의 격차가 있으니 자칫 잘못하면 크게 낭패할 일이 생길 수도 있다.

25일 자정부터 하루 동안 단수된다고 하면 하루 동안 쓸 물을 언제 받아 두어야 할까? 자정을 '0시'로 생각하는 사람은 늦어도 24일 저녁에 물을 받아 두려 할 것이다. 반면에 '24시'로 생각하는 사람은 25일 저녁에 물을 받아 두려 할 것이다. 이 둘 중 어느 쪽이 낭패할까?

과거에는 하루를 12등분하고 '자, 축, 인, 묘 …… 술, 해'의 십이지를 순서대로 붙여 '자시, 축시……'로 시각을 나타내는 십이지시법을 썼다. 또 이 십이지시를 다시 반으로 나누어 각 시의 시작을 '초'라 하고 한가운데를 '정'이라고 하는 이십사반지시법을 썼다. 이십사반지시법은 '자시'의 시작을 '자초'라 하고 한가운데를 '자정'이라 하며 '축시'의 시작을 '축초'라 하고 한가운데를 '축정'이라 하는 식이다. '오전(午前)/오후(午後)'도 십이지시의 7번째인 '오시(午時)'의 한가운데인 '오정(午正*)'을 기준으로 그 앞을 '오전', 뒤를 '오후'라고 한 것이다.

'자정'이 정확히 몇 시를 가리키는지 헷갈리는 이유는 '자시'가 밤 11시부터 이튿날 01시까지이기 때문이다. 그러므로 '자시'의 한가운데가 이른바 '밤 12시'로 '자정'이 되는데, 우리는 '밤 11시 59분 59초'가 지나면 새로운 날이 시작되고 날짜가 바뀐다고 인식한다. '밤 11시 59분 59초'에서 1초가 지난 시점인 '자정'은 '새로운 날의 시작', 즉 '바뀐 날의 0시'인 것이다.

글머리에서 꺼낸 단수 얘기에서 낭패할 사람은 '자정'을 '24시'로 아는 사람이다. 자정의 개념이 헷갈리면 이래저래 낭패할 일이 생길 수도, 반대로 남에게 낭패를

---

* 요즘은 정오(正午)를 더 많이 쓴다.

끼칠 수도 있다.

"코로나19에 걸려 격리 기간이 남은 사람도 31일 자정부터 의무가 해제된다"라는 문장만 보고 격리 기간이 남은 코로나19 감염자가 31일 0시부터 나다녔다면 위법 행위를 하는 셈이 될 뻔했다. 다행히 이 문장 앞에 '6월 1일 0시부로 확진자 격리 의무가 완전 해제된다'라는 문장이 있었지만 고시하는 측에서 자정의 의미를 모르면 읽는 이를 헷갈리게 해 법을 어기는 낭패를 끼칠 수도 있었을 테다.

"참가 신청은 21일 자정까지 하면 되고 참가 신청자 중 추첨을 통해 14팀을 선정한다"라는 기사 문장을 보면 21일 0시까지, 그러니까 20일까지 참가 신청을 하라는 셈인데 이를 보도한 기사에 첨부된 행사 주최 측의 포스터를 보면 신청 기간을 '21일까지'로 해 두었다. 기자가 친절을 베푼답시고 시간까지 안내했지만 24시간을 줄여 놓는 결과를 빚었다. 미처 준비를 마치지 못한 사람은 하루 사이로 포기해야 할 수도 있었을 것이다.

"종일 두통에 시달리다 자정이 넘어 겨우 잠자리에 들었는데 다음 날 새벽 4시 30분쯤 눈이 떠졌다." 밤 늦게까지 계속되는 시위 소음 때문에 불면에 시달린다는 내용의 글이지만 이 문장에 따르면 글쓴이는 자정부터 다음 날 새벽 4시 30분까지 28시간가량을 '푹' 잔 셈이다.

일상에서 '지난밤에는 자정을 넘겨 귀가했다'처럼 표현하는 것이야 특별히 문제 될 것이 없을 테다. 하지만 '자정'을 기점으로 누군가에게 영향을 미칠 수 있는 무언가를 알릴 때는 주의해야 한다. 자칫 잘못하여 본의 아니게 남한테 크고 작은 손해를 끼칠 수도 있다. '자정'은 기간의 끝을 나타내는 조사 '까지'가 아니라 시작을 나타내는 조사 '부터'와 함께 쓰는 것이 옳다. 특히 공적인 일의 시작과 끝을 나타낼 때는 '25일 0시' '25일 24시' 또는 '25일 밤 12시'처럼 읽는 이나 듣는 이가 확실히 인식할 수 있게끔 표현하면 문제의 발생을 미연에 방지할 수 있다.

㉮ 유통산업발전법에 따르면 대형 마트는 **자정부터** 오전 10시까지 영업을 할 수 없다. ◉

㉯ 오후 6시부터 **밤 12시까지** 동해 남부 먼바다에 풍랑 예비 특보가 발령됐다. ◉

㉰ 민주당에 따르면 지도부는 오후 7시부터 **자정까지**

비공개 최고위원회의를 진행했다. ⊗

㉣ 사회복지사 교육 과정 수강생을 3월 6일 **자정까지** 모집하며 3월 7일 개강한다. ⊗

# 막연 + 사이

漠 넓을 막  然 그럴 연

"박 후보자는 윤 대통령이 초임 검사 재직 시절, 대구지검 옆 부서에서 일하는 등 근무 인연이 깊고, 막연한 사이로 알려졌다."

이 문장은 문맥으로 볼 때 박 후보자와 윤 대통령이 서로 잘 알고 있거나 친한 사이임을 나타내고 있다. 20년 전, 30년 전 한 직장에서 근무했고 오늘날까지 꾸준히 교유해 왔다면 서로를 잘 알 터이다. 따라서 둘은 허물없이 터놓고 지내는 사이일 확률이 매우 높다. 그런 두 사람의 관계를 이 문장에서는 '막연한 사이'라고 표현했다.

이처럼 격의 없이 친하게 지내는 사이를 '막연한 사이'나 '막연한 친구'처럼 말하기도 한다. '막연(漠然)하다'는 '갈피를 잡을 수 없게 아득하거나 뚜렷하지 못하고 어렴풋하다'라는 뜻이다. 사람 사이의 관계를 묘사하는 데 적합한 말이 아니지만 설령 쓴다고 하더라도 아득하고 뚜렷하지 못하다면 단언컨대 가까이 지내는 사이가 아니다.

허물없이 아주 친하게 지내는 사이를 나타내는 말은 '막역(莫逆)하다'이다. '없다'를 뜻하는 '막(莫)'과 '거스르다'를 뜻하는 '역(逆)'으로 구성된 낱말이니 서로 거슬릴 게 없음을 나타낸다. 상대가 어떤 언행을 하든 거슬리지 않을 만한 사이라는 얘기다.

그런 만큼 '막연한 사이'와 '막역한 사이'는 정반대의 뜻이라고 해도 과언이 아니다. '막연'은 '앞으로 살아갈 길이 막연하다/막연한 기대/막연한 생각'처럼, '막역'은 '두 사람은 막역하게 지낸다/막역한 친구/막역한 관계/막역한 사이'처럼 쓴다.

㉮　정치 테마주의 가장 큰 문제는 사업과 직접 관련성 없이 사적 인연으로 연결되는 등 실제 관련성이 없는 **막연한 관계가** 많다는 점이다. ◎

㉯　전 축구선수 안정환과 축구 감독 박항서가 **막역한 관계임을** 자랑했다. ◎

㉓ 호형호제할 정도로 **막연한 관계인** 이들은 경남도청
을 방문하는 것으로 '짧고 굵은' 일정을 시작했다.
Ⓧ

# 선제 + 피해

先 먼저 선   制 억제할 제

"호주를 상대한 한국은 전반전, 선제 실점을 허용했으나 후반 추가 시간에 극적인 동점 골로 승부를 연장까지 끌고 갔다."

축구 국가대표팀의 2024 아시안컵 경기를 보도한 기사의 한 문장이다. 스포츠 기사나 중계방송에도 고개가 절로 갸웃해지는 표현이 적지 않은데 이 문장에도 그런 표현이 등장한다. '선제(先制)'라는 말이다.

'선제'는 '선수를 쳐서 상대를 제압함'이라는 뜻이다. '선수'는 남이 하기 전에 앞질러 하는 행동이며 '제압'은 위력이나 위엄으로 세력이나 기세 따위를 억눌러서 통제하는 것이다. 그런데 스포츠 기자나 캐스터들은 위 문장에서처럼 어느 팀이 상대 팀에 먼저 점수를 내주면

'선제 실점' 운운한다. 이 말을 굳이 풀이하자면 '점수를 먼저 잃음으로써 상대를 제압하는 것'이라고 할 만하다. 점수로 승패를 가리는 경기에서 상대에게는 점수를 쌓게 하고, 자신 또는 자신의 팀은 점수를 잃게 하는 것이 어떻게 상대를 제압하는 길이 될 수 있겠는가?

'선제'는 어느 한쪽이 먼저 어떤 행동을 함으로써 상대의 대항할 의지를 꺾거나 상대를 제압하게 될 때 그 행동을 나타내는 말과 함께 써야 한다. 따라서 '선제 득점'은 돼도 '선제 실점'은 안 되는 것이다. '선제 홈런/선제 타격/선제골/선제공격'과 같이 쓴다. 선제골과 선제공격은 아예 한 낱말로 국어사전 표제어에 올라 있다. '선제 사용'이란 말 또한 표제어로 올라 있는데 이는 '핵전쟁에서 적보다 먼저 핵무기로 공격하는 일'을 나타내는 섬뜩한 말이다.

인용한 문장은 '선제'를 '먼저'로 바꾸어 "호주를 상대한 한국은 전반전, 먼저 실점을 허용했으나"라고 쓰면 된다. 굳이 한자어로 바꾸려면 '먼저'를 뜻하는 접사 '선(先)-'을 써서 '선실점'이라고 할 수 있겠다.

'선제'가 선수를 쳐서 상대를 제압하는 행동이므로 '공격 행위'를 뜻하거나 그와 관련된 말과 함께 써야 한다. '선제 실점'은 물론 '선제 방어' 같은 유의 표현도 옳지 않다.

㉮ 정전협정 체제의 수호자인 유엔군사령부가 있는 상황에서 한국군이 대북 **선제공격에** 나서기는 어렵다. ◉

㉯ 항만의 대응력을 강화하고 배후 권역의 **선제적 피해를** 예방하기 위한 '항만 및 배후 권역 기후 변화 대응 강화 방안'을 발표했습니다. ⊗

# 유명 + 일화

逸 숨을 일  話 말씀 화

㉮ 일론 머스크가 화성에 보낼 8번째 로켓의 이착륙 실헌에 실패하고도 직원들에게 축하 메시시를 보낸 **일화는 유명하다**.

㉯ 직접 코딩한 자동 프로그램으로 가상화폐에 투자해 수익을 올린 것도 **널리 알려진 일화다**.

'유명(有名)하다'는 널리 알려졌음을 뜻하는 말이다. 위의 두 문장에서 유명하고 널리 알려진 것은 '일화'다. '일화'는 어떤 말일까. 한자로는 '逸話'라고 쓴다. '逸'은 '숨다'를, '話'는 '이야기'를 뜻한다. 따라서 '일화'는 '숨겨진 이야기'이다. 표준국어대사전은 '일화'를 "세상에 널리 알려지지 아니한 흥미 있는 이야기"라고 풀이했다. 한마디로 웬만한 사람은 알지 못한다는 것이다. 이와 반대로 '유명하다'는 웬만한 사람은 다 안다는 말이다.

이쯤 되면 무엇이 문제인지 불 보듯 뻔하다. '일화'와 수식어 또는 술어가 상충하는 것이다. 널리 알려지지 아니한 이야기를 유명하다 하고 널리 알려졌다고 했으니 엉터리도 이런 엉터리가 없다 싶다.

'일화'는 '유명하다/잘 알려지다/널리 알려지다/잘 알다' 같은 표현과 어울려 써서는 안 된다. 웬만한 사람은 알지 못하고 소수만 알고 있는 이야기이니 그걸 아는 사람이 일화를 소개하든지, 알려 주든지, 공개하든지 할 일이다. 또 자신이 단순히 과거에 겪은 '일'이나 '경험'을 밝히면서 그 일이나 경험을 '일화'라고 하는 것도 맞지 않다.

유명하거나 널리 알려졌으면 일화가 아니다. 혹자는 '숨겨진 일화'라고도 하는데 이 또한 바람직하지 않다. 수식어 '숨겨진'은 겹말을 만드는 사족에 지나지 않는다.

㉰ 「내 친구 워런 버핏」은 **어린 시절 일화를** 토대로 만든 경제교육 뮤지컬이다. ◎

㉣ 메노티 감독은 아르헨티나의 축구 영웅 디에고 마라도나의 미움을 샀다는 **일화로 유명하다.** ⓧ

# 피로 + 회복

回 돌아올 회 復 돌아올 복

대한민국 사람치고 '박카스'라는 음료를 모를 사람은 없을 듯하다. 1961년 선보인 뒤 2022년 말 현재 누적 판매량이 226억 병이 넘는다고 하니 대한민국 사람이라면 누구든 몇 병은 마셔 보았을 테다. 바로 그 박카스의 자그마한 갈색 병에 붙은 작디작은 상표엔 '피로 회복'이란 네 글자가 선명하다. 그 바람에 사람들은 '피로 회복'을 위해 박카스나 그와 유사한 제품을 마신다. 또 박카스 같은, 이른바 드링크제를 기꺼이 '피로 회복제'라고 부른다.

'회복'은 한자로는 통상 '回復'이라고 쓴다. '恢*復'이라고도 쓴다. 한자로 어떻게 쓰든 '회복'은 '원래의 상태로 돌이키거나 원래의 상태를 되찾음'을 뜻하는 말이다. 나라의 주권, 즉 '국권'을 잃었다가 되찾는 것을 '국권 회복'이라 하고, 침체된 '경기'를 좋은 상태로 되돌리는 것을 '경기 회복'이라고 한다. 마찬가지로 훼손된 명예나 불량해진 신용을 훼손되고 불량해지기 전의 상태로 되돌려 놓는 것을 '명예 회복/신용 회복'이라고 한다.

'피로(疲勞*)'는 '과로로 정신이나 몸이 지쳐 힘듦. 또는 그런 상태'를 뜻한다. 박카스 상표의 문구처럼 '피로'가 '회복'을 만나면 '정신이나 몸이 지쳐 힘든 상태로 돌아감'을 나타내게 된다. '피로 회복'용인 박카스는 힘이 솟구쳐 주체하기 힘들 때 마셔야 제격일 듯하다. 피로할 때는 활동력, 즉 '원기'를 되찾아야 하는 법이므로 '피로 회복'이 아니라 '원기 회복'을 하여야 사리에 맞는다.

'회복'은 앞에서 든 국권, 경기, 명예, 신용, 원기 말고도 '건강, 지위, 신뢰' 같은 말과 함께 쓸 수 있겠다. 이처럼 '돌이키거나 되찾을 만한 가치가 있는' 대상을 나타내는 말이라야 '회복'과 궁합이 맞는다.

그러면 '피로'를 그대로 둔 채 '피로 회복' 대신 쓸 바른 표현은 무엇일까. 피로는 풀어야 할 대상이므로 문제가 되는 상태를 없애 버린다는 뜻이 있는 '해소(解消)'를 써서 '피로 해소'라고 할 수 있다.

---

* 피곤할 피, 수고로울 로

㉮ 동학농민혁명기념재단은 동학농민혁명의 정신을 계승하고, 혁명 참여자와 유족의 **명예 회복** 등을 목적으로 설립됐다. **◎**

㉯ 스트레스 회복력을 강화하는 프로그램과 찾아가는 상담실, 마음과 몸의 **피로를 회복하는** 심신안정실을 운영한다. **✖**

# 미식 + 대첩

大 큰 대　捷 이길 첩

"유통 공룡 3사의 광주 대첩 본격 개막"

어느 시사 주간지의 기사 제목이다. 해당 기사는 현대백화점, 신세계, 롯데 등이 광주광역시에서 대형 쇼핑몰을 운영하려고 경쟁한다는 내용을 다뤘다. 전국의 광역시 가운데 유일하게 대형 쇼핑몰이 없는 곳이 광주라고 한다. 2022년 대통령 선거 때는 일부 후보가 대형 쇼핑몰 유치를 주요 공약으로 내세우기도 했다. 그 영향 때문인지 2023년 현재 내로라하는 유통 부문 기업들이 광주에 대형 쇼핑몰을 세우려고 공들이고 있다. 그런데 기사 제목의 '대첩'은 무슨 뜻일까.

우리 역사에는 여러 '대첩'이 있다. 역사책이 아닌 국어사전에만도 귀주대첩, 명량대첩, 살수대첩, 진주대첩, 청산리대첩, 한산대첩, 행주대첩 등이 표제어로 올라 있다. 이들 '대첩'의 공통점은 딱 하나다. 우리 편이 '이긴' 전투라는 것이다. 그것도 '아주 크게 이긴' 전투다.

'대첩(大捷)'은 '크게 이김', 다시 말해 '대승'을 뜻한다. 그런 까닭에 '대첩'은 전투의 결과다. 싸움의 결과 크나큰 승리를 얻었을 때라야 그 전투가 벌어진 지명에 '대첩'을 붙여 영예로운 이름을 부여하는 것이다. 그런데 "광주 대첩 본격 개막"은 지명과 '대첩'을 조합한 것까지는 그럴싸하지만 이어진 '본격 개막'이라는 표현으로 미루어 아직 결과가 나오지 않았음을 알 수 있다. 이렇게 '결과가 나오지 않은 싸움'을 '대첩'이라고 하는 것은 '대첩'을 '대전(大戰)'으로 잘못 알기 때문이다. '대전'은 '세계대전'처럼 여러 나라가 관여하는 큰 규모의 전쟁을 뜻하는 말이다. 이에 비유하여 '유통 공룡 3사의 광주 대전 본격 개막'쯤으로 했더라면 봐 줄 만은 했을 듯하다. 그 회사들 중 어느 한 곳만 광주광역시의 허가를 얻어 대형 쇼핑몰을 짓는다면 그 회사는 '광주 대첩'을 기념할 수 있을 테다.

운동 경기와 관련해서도 이 '대첩'을 들먹이는 예가 많다. 경기 결과 큰 점수 차로 이겼다면 예컨대 '축구 국가대표팀 도쿄 대첩'처럼 표현할 수 있다. 하지만 경기가 열릴 예정이라는 뜻으로 '오는 25일 한일 축구 도쿄 대첩'처럼 표현해서는 안 된다.

'대첩'은 '우리 무장 독립군이 (……) 영사관과 철도를 기습하고 또 어디어디를 점령했다는 등 대첩의 소식은 모든 조선 사람을 의기충천하게 했고' '임진왜란 3대첩' '한산대첩'처럼 전투에서 크게 이겼음을 나타내는 표현과 함께 쓰거나 크게 이긴 장소의 지명과 함께 쓴다. 예컨대 '귀주대첩을 승리로 이끈 강감찬 장군'이라는 표현도 잘못이다. 앞에서 밝힌 것처럼 '대첩'이 이미 '크게 이김'을 뜻하므로 '귀주에서 크게 이긴 싸움'을 승리로 이끈다는 것은 어색하기 때문이다. '귀주대첩을 이끈 강감찬 장군'이나 '귀주 전투를 대첩으로 이끈 강감찬 장군'이라고 해야 한다.

㉮  떡갈비, 동그랑땡, 만두, 불고기 등 프리미엄 간편식을 모아 판매하는 '**설 선물대첩**' 행사도 진행한다. ✖

㉯  미식 주간 행사, 전국 음식 경연대회, **미식 대첩** 등 다채로운 음식문화 행사를 개최할 예정이다. ✖

㉰ 당내의 복잡다기한 역학 관계와 정치인들의 생사 여탈이 달린 문제인 '**공천 대첩**'에 직면해 있기 때문이다. ❌

# 과반 + 넘다

過 지날 과  半 반 반


구성원이 여럿인 기관이나 단체에서 어떤 일을 결정하
거나 대표자를 선출할 때는 대부분 표결에 부친다. 초등
학교부터 국민의 대의기관인 국회까지 다 그렇게 한다.
때론 만장일치로, 때론 구성원의 3분의 2가 찬성하여야
한다. 하지만 대부분은 딱 한 표만 더 많으면 된다. 예컨
대 구성원이 99명이면 50명이 찬성하면 된다.

  '딱 한 표 이상 더 많은 것'을 흔히 '과반 이상'이나
'과반수 이상'이라고 한다. '과반 이상' '과반수 이상'은
과반 또는 과반수를 포함하여 그보다 많은 수나 양을 나
타낸다. '과반(過半)'은 절반이 넘는 것이고, '과반수(過
半數)'는 절반이 넘는 수이다. 예컨대 100의 절반은 50이
고 과반은 51을 포함하여 그보다 많은 수이다. '이상'은

'수량이나 정도가 일정한 기준보다 더 많거나 나음'을 뜻하며 수량으로써 나타낼 때는 제시된 수량을 포함한다. 예컨대 '10개 이상'이라고 하면 '10개'를 포함하여 그보다 많음을 나타낸다. 이처럼 '과반'에 이미 반을 넘었다는 뜻이 포함되어 있으므로 거기에 '더 많음'을 뜻하는 '이상'을 덧붙일 필요가 없다.

마찬가지로 '과반을 넘었다'라든지, '과반수를 넘었다'라든지 하는 표현도 잘못이다.

심지어 '과반 이하'라는 표현도 간혹 보이는데 이는 반을 넘은 것을 포함하여 그보다 적음을 뜻하게 되므로 그야말로 어불성설이다.

'과반'이나 '과반수'는 '이상'이나 '이하' '넘다' 같은 말과는 어울리지 않는다. 즉 '이 안건은 참석 인원 과반의 찬성으로 가결되었다' '이 안건은 참석 인원 과반의 반대로 부결되었다'라든지, '선거 결과 야당이 의석의 과반수를 차지하여 여소야대 정국이 되었다'처럼 표현하면 된다. 굳이 '이상'을 쓰려면 '반수 이상'처럼 표현할 수 있겠다. 하지만 엄밀히 말해 이는 '과반'과 다르다. 예컨대 '100명의 과반'은 '51명 이상'이지만 '100명의 반수 이상'은 '50명 이상'이 되기 때문이다.

㉮ 올해 11월 미국 대선에서 도널드 트럼프 전 대통령이 재선에 성공할 경우 북한 핵 문제 해결에 적극적으로 나서지 않을 것이라는 응답이 63.7퍼센트로 **과반을 넘어섰다.** ⓧ

㉯ 70대 이상 노년층을 제외한 모든 세대에서 부정 평가가 **과반 이상을** 기록했다. ⓧ

㉰ 20여 년 뒤 미국에서는 백인 인구가 **과반 이하로** 떨어지면서 다수 인종 지위에서 밀려날 것으로 전망된다. ⓧ

# 성패 + 여부

與 그럴 여   否 아닐 부

"암, 그렇고말고. 당연하지. 여부가 있나."

이렇게 말할 때의 '여부(與否)'는 틀리거나 의심할 여지가 없음을 나타내는 말이다. 또 '그 아이가 그녀의 자식이라는 것은 여부없는 사실이다'처럼 말할 때도 '여부'는 같은 뜻을 나타낸다.

'여부'는 '그러함과 그러하지 아니함'을 뜻하기도 한다. 흔히 '생사 여부/진위 여부'처럼 쓴다. 하지만 이런 표현은 바람직하지 않다. '생사'나 '진위'는 이미 '그러함과 그러하지 아니함'의 의미를 포함하고 있어 '여부'를 덧붙일 필요가 없기 때문이다. '생사'의 '생'이 '그러함'을 나타낸다면 '사'는 '그러하지 아니함'을 나타내므로 이미 '여부'의 의미를 포함하는 말이다. 진실과 허위를 동시에 나타내는 '진위'도 마찬가지다. 한마디로 전혀 필요 없는 겹말이 되는 것이다. 굳이 '여부'란 말을 살려 쓰고 싶으면 '생존 여부'나 '사망 여부', '진실 여부'나 '허위 여부'라고 하면 된다. 문장은 되도록 간결하게 쓰는 것이 좋고, 간결한 문장을 쓰려면 겹말은 될 수 있으면 배제하여야 한다.

생사나 진위와 마찬가지로 '성패/존폐/찬반' 따위의 말도 '여부'와 함께 쓸 필요가 없다. '여부'는 성공과 패배, 존속과 폐지, 찬성과 반대 가운데 어느 한쪽과만 어울리면 된다. '성공 여부/패배 여부/존속 여부/폐지 여부/찬성 여부/반대 여부'처럼 말이다.

'여부' 대신 '가부(可否*)'나 '유무(有無**)'라고 해야 할 때도 있으니 잘 가려 써야 한다. 예컨대 '참석 여부'는 과거나 현재 어느 모임에 참석했는지를 확인하는 것이지만 앞으로 열릴 어떤 모임에 참석할 수 있을지는 '참석 가부'를 확인하여야 한다. 또 '있고 없고'를 따지려면 '유무'를 써야 한다. '잘못의 유무는 법정에서 밝혀질 것이다'처럼.

㉮   류현진의 복귀로 김광현, 양현종과의 한국 야구 '트

---

* 옳을 가, 아닐 부
** 있을 유, 없을 무

176

로이카' 선발 맞대결 **성사 여부가** 관심을 끈다. ⊙

㉯ 방송에 앞서 **진실 여부를** 확인하기 위한 노력을 했고, 진실이라고 단정하지 않았다. ⊙

㉰ 제천시는 향후 3년간 1000명까지 고려인 이주를 추진할 계획이다. 사업의 **성패 여부가** 대한민국의 이민 정책 수립에 가늠자가 될 것으로 전망된다. ⊗

㉱ 수입 업체가 낸 서류의 **진위 여부를** 심사하지 않아 탈세 등 문제가 발생하고 있다. ⊗

# 대단원 + 올리다

大 큰 대  團 둥글 단  圓 둥글 원

"올해 행사는 13일 월정교 특설무대에서 관습도감의 '신라연화 3악 3색'을 시작으로 대단원의 막을 올린다."

"'리그 오브 레전드 챔피언스 코리아 스프링'이 코로나19 팬데믹 이후 처음으로 많은 현장 팬이 지켜보는 가운데 대단원의 막을 올린다."

두 문장에 공통으로 들어 있는 표현은 '대단원의 막을 올린다'이다.

그러면 '대단원의 막'은 무엇일까? '대단원(大團圓)'은 '어떤 일의 맨 마지막', 즉 '대미(大尾*)'와 같은 말이다. 또 '연극이나 소설 따위에서, 모든 사건을 해결하고 끝을 내는 마지막 장면'을 뜻하기도 한다. 이든 저든 '대단원'은 '마지막'이다.

---

\* 꼬리 미

'막'은 무대를 가리는 천이다. 극장에서는 막을 올려 연극을 시작하고 막을 다시 내려 연극을 마친다. '막을 올리다'나 '막을 열다'는 공연이나 행사를 시작함을, '막을 내리다'는 역시 공연이나 행사를 마침을 나타내는 관용구다.

앞선 두 문장의 '대단원의 막을 올리다'는 문맥으로 보건대 시작한다는 뜻이다. 하지만 마지막을 뜻하는 '대단원'과 시작을 뜻하는 '막을 올리다'를 함께 써서 모순을 드러냈다. '대단원'은 마침을 뜻하는 '막을 내리다'와 함께하여 '대단원의 막을 내리다'라고 해야 그 뜻을 제대로 나타낼 수 있다. 시작을 알릴 때는 '대단원' 없이 '막을 올리다/막을 열다'라고만 하면 충분하다. '그 공연은 막을 올린 지 얼마 안 되어 막을 내렸다'처럼 쓸 수 있겠다.

㉮ 서울 도심을 화려하게 수놓았던 '서울빛초롱축제'가 **대단원의 막을 내렸다.** ◎

㉯ 국립국악원 민속악단이 「비나리」로 앞길의 행복을 빌며 음악회의 **막을 올렸다.** ◎

㉰ 대형 창작 뮤지컬 『일 테노레』가 프리뷰에 이어 역사적인 초연 무대 **대단원의 막을 올렸다.** ✘

㉑ 기획재정부, 금융위원회, 한국은행, 국제통화기금
(IMF)이 공동 개최한 국제 콘퍼런스가 14일 **대단원
의 막을 올렸다.** ⊗

# 완벽(한) + 실수

完 완전할 완  璧 둥근 옥 벽

"후반 20분 세 번째 골을 내주며 무너졌다. 완벽한 실수였다."

세 번째 골을 내주는 과정이 '완벽한 실수'였다는 내용이다. 과연 어떤 실수였기에 완벽했을까?

'완벽(完璧)'은 '흠이 없는 구슬'이라는 뜻으로, 결함이 없이 완전함을 이르는 말이다. 반면에 '실수'는 '조심하지 아니하여 잘못함'을 뜻한다. 조심하지 않아 잘못했다는 말에는 이미 완전하지 못했다는 의미가 내포되어 있다. 그러니 완전무결을 뜻하는 '완벽'과는 거리가 멀다.

'완벽'과 관련한 고사는 이렇다. 중국의 전국시대 조나라의 혜문왕에게는 '화씨의 벽'이라는 구슬이 있었다. 그런데 강국이던 진나라의 소양왕이 사신을 보내 진나라 15성과 화씨의 벽을 교환하자고 제안했다. 혜문왕은 인상여를 보내 이 구슬을 전했다. 소양왕은 구슬을 받고도 15성 이야기는 입 밖에 내지 않았다. 이에 인상여가 그 구슬에 작은 흠집이 있으니 알려 주겠다고 말했다. 소양왕이 구슬을 내주자 인상여는 "우리는 신의를 지키느라 구슬을 지참했으나 왕은 15성의 약속을 지킬 듯하지 않으니 이 구슬은 일단 소생이 지니겠습니다. 구슬을 빼앗으려 한다면 차라리 부숴 버리겠습니다" 하고는 구슬을 빼돌려 다시 조니리로 보냈다. 소양왕은 명분 때문에 어쩔 수 없이 인상여를 정중히 놓아 보내야 했다. 이 고사에서 유래하여 '완벽'에는 '빌린 물건을 정중히 돌려보냄'이라는 뜻도 생겼다.

이런 고사가 깃든 '완벽'은 결함을 전제로 한 실수, 실책, 실패, 패배, 패전, 오류, 잘못 같은 말이 아니라 성공, 승리, 승전 같은 긍정의 뜻이 있는 말이나 일반 사물을 나타내는 말과 어울려 써야 제격이다. '완벽한 성공/완벽한 승리/완벽한 시설/완벽한 문장/완벽한 솜씨/완벽한 연주/완벽한 기술/완벽한 제품/완벽한 처세'처럼. '완벽한 실수'는 어이없는 말실수이다.

㉮ 트럼프의 이번 승리는 2016년 코커스 때 자신을 외면했던 지역에서 거둔 **완벽한 승리**다. ⓞ

㉯ '육각형 인간'은 외모, 자산, 학력, 직업, 집안, 성격 등 **모든 측면에서 완벽한** 사람을 지칭한다. ⓞ

㉰ 약체로 평가받는 요르단과 두 번 맞붙어 한 번의 승리도 거두지 못했다는 건 **완벽한 패배를** 의미한다. ⓧ

㉱ 위르겐 클린스만 감독이 들고 나온 선발 라인업은 **완벽한 실패였다.** ⓧ

㉲ 후반 8분 알나이마트에게 선제골을 허용했으며, 후반 21분 알타마리에게 쐐기 골을 허용하며 **완벽히 무너졌다.** ⓧ

# 수비 + 실책

失 잃을 실  策 꾀 책

'실수(失手)'와 '실책(失策)'도 잘 가려 써야 할 말이다. '실수'는 '조심하지 아니하어 잘못함'이다. '실책'은 '잘못된 계책'이다. 두 낱말 모두 '실수를 범하다/실책을 범하다'나 '실수를 저지르다/실책을 저지르다'처럼 쓸 수 있다. 하지만 계책이 잘못되었음을 뜻하는 '실책'을 '실수'를 써야 할 자리에 잘못 쓰곤 한다. 예컨대 야구 경기에서 상대 팀 선수의 타구나 같은 팀 선수의 송구가 충분히 잡을 만한데 못 잡았을 때 '실책'이라고 한다. 공을 못 잡은 것이 실책이라면 거꾸로 공을 잘 잡는 것은 '계책을 잘 수행한 것'이 된다는 얘기나 다름없다. '계책(計*策)'은 어떤 일을 이루기 위하여 생각해 낸 꾀나 방법이다. 충분히 잡을 만한 공은 그냥 잡으면 될 일이지 그런 공을 잡기 위하여 무슨 꾀나 방법을 생각할 필요가 있겠는가.

충분히 잡을 만한데 조심하지 않아 잡지 못했다면 그건 '실수'다. 예컨대 감독이 오판하여 잘못된 작전을 지시한 것으로 드러났다면 그 작전은 잘못된 계책, 다시 말해 실책이 맞다. 또 선수들이 병살할 욕심을 부렸다가 병살은커녕 충분히 잡을 수 있는 주자마저 살려 주게 된 상황이라면 이 또한 실책이라고 할 만하다. 두 명을 한꺼번에 아웃시키려는 꾀를 냈지만 그 꾀를 실현하는 데 실패한 것이기 때문이다.

이 '실책'이 야구뿐만 아니라 다른 운동에서도, 심지어 일상에서 저지른 사소한 잘못에도 두루 쓰이는 경향이 있다. 유독 표준국어대사전에서만 "야구에서, 잡을 수 있는 타구나 송구를 잡지 못하여 주자를 살게 하는 일"이라고 뜻풀이를 추가했는데 '야구에서'라는 단서를 포함하는 바람에 여러모로 오류가 발생하는 듯하다. 뜻풀이대로라면 목표 지점에서 많이 빗나가게 송구하여 충분히 잡을 수 있는 주자를 살려 준다든지, 잡은 공을 던지려다 떨어뜨린다든지, 주자가 주루를 잘못하여 아웃된다든지 하는 것은 실책의 범주에 들지 않는다. 하지만 '실책'이라고 말하는 사람들은 하나같이 이런 상황도 '실책'이라고 한다. 어떤 상황에서든 단순히 조심하고 주의하지 못하여 저지르는 잘못은 '실수'라고 하는 것이 옳다.

㉮ 한국이 허용한 2골은 모두 **수비 실책**에서 나왔다. ✘ 연이은 **패스 실수**와 엉성한 협력 플레이로 상대의 공격을 쉽게 허용했다. ◎

㉯ 두산 베어스 강승호가 치명적인 **실책**을 저지르며✘ 경기를 내줄 뻔했지만 뜨거운 타격감으로 **실수**를 만회했다◎.

㉰ 볼턴 전 보좌관은 회고록 등을 통해 트럼프 전 대통령의 외교적 무능 및 **실책** 등을 비판하고 있다. ◎

㉱ 지난 시즌 콘테 감독의 **실책** 중 하나는 다이어의 중용이었다. ◎

㉲ 일각에서는 조규성의 부진에도 경쟁자나 대체자를 준비하지 않은 클린스만 감독의 **실책을** 지적하는 목소리도 나온다. ◎

# 실업 + 난

**難** 어려울 난

일할 의사와 노동력이 있는 사람이 생업 또는 일자리를 잃거나 일할 기회를 얻지 못하는 상태를 '실업'이라고 한다. 이런 상태에 있는 사람이 많으면 '실업난'이라고들 한다. "튀르키예는 코로나 팬데믹을 겪으며 심각한 실업난과 고물가에 시달려 왔다"라고 하는 식이다. '실업난'은 어떤 뜻일까?

우선 '–난(難)'을 살펴보자. '–난'은 접미사로서 '어려움' 또는 '모자람'의 뜻을 더하는 말이다. '급수난'은 물 공급량이 모자라서 어려움을 겪는다는 뜻이다. '자재난' 역시 자재가 모자라서 어려움을 겪는다는 뜻이다. 또 '경영난'처럼 무엇이 모자라서라기보다 기업체를 경영하는 과정에서 문제가 생겨 어려움을 겪음을 나타내기도 한다.

교통난, 구인난, 동력난, 물자난, 식량난, 에너지난, 연료난, 인력난, 인물난, 인재난, 자금난, 재정난, 전력난, 주택난, 취업난, 취직난, 판로난 등등이 모두 앞말이 나타내는 사물이 부족하거나 구하기 힘들어 어렵다는 뜻을 나타낸다.

'실업(失業*)'은 글머리에서 밝힌 바와 같이 생업, 일자리를 잃거나 일할 기회를 얻지 못하는 상태이다. '실업난'은 이런 일이 모자라 어려움을 겪는다는, 사리에 맞지 않는 뜻이 된다. 따라서 '실업난'은 직업을 구하기 어렵다는 뜻의 '구직난', 취업하기 어렵다는 뜻의 '취업난', 직업을 얻기 어렵다는 뜻의 '취직난' 같은 말로 바꿔 써야 한다. 사리에는 맞지 않지만 실업난이 이루어지기를 기대해 본다.

접미사 '–난'은 어떤 일이 난관에 맞닥뜨리거나 특정 사물이 부족하여 겪는 어려움을 나타낼 때, 그 일과 사물을 나타내는 말에 붙여 쓴다.


㉮  대출 연체와 임금체불 등 **경영난에** 봉착한 민생경제를 위해 지역 금융권이 힘을 모으면서 **자금난에** 숨

---

통이 트일 수 있을지 관심이 집중되고 있다. ◎

㉯ 아이러니하게도 **실업난**이 사회적 이슈가 된 지 오래지만❌ **고용난**으로 힘들어하는 기업들도 만만치 않다◎.

㉰ 재무위기에 따른 인력 조정이 신입 직원과 청년 인턴 채용 축소에 집중되면서 청년 **실업난을** 더 악화시켰다는 비판이 나온다. ❌

# 회원 + 보유

保 보전할 보　有 있을 유

무언가를 가지고 있거나 간직하고 있음을 나타내는 말은 '보유(保有)'이다. 재산을 보유하고, 집을 보유하고, 주식을 보유하고, 가상 화폐를 보유하고, 권력을 보유하기도 한다. 운동선수는 각종 기록을 보유한다. 사람이 아니라도 무언가를 보유할 수 있다. 나라는 영토도 군사력도 보유하고, 회사는 상표권도 부동산도 특허권도 보유한다. 이처럼 사람이나 조직은 어떤 사물이든 보유할 수 있다.

　요즘 '62만 명에 달하는 회원을 보유한 ○○협회' '수십만 팔로어를 보유한 유튜버' 같은 표현이 낯설지 않다. 고객이 기업에 인터넷 회원으로 가입해도 기업이 회원을 보유하고 심지어 고객을 보유했다고 한다. 보유한다는 것은 첫머리에서 밝혔듯이 '가지고 간직하는' 것이다. '가지다/보유하다/소유하다'가 다 고만고만하게 비슷한 말이다. 전근대사회에서야 종이나 노예를 가지고 소유하고 보유하고 사고파는 대상으로 보았겠지만 요즘 같은 문명사회에서 회원, 다시 말해 사람을 가지고 소유하고 보유할 수 있겠는가.

회원이란 각자의 판단에 따라 조직이나 단체에 가입한 사람들이다. 또 조직이나 단체는 회원이 내는 회비로 유지되며, 회원의 수로써 세를 과시하기도 한다. 따라서 탈퇴하는 회원이 많으면 그 조직·단체는 세가 쪼그라든다. 기업도 마찬가지로 회원이 팔아 줌으로써 이익을 얻는 조직이다. 이처럼 회원이 그 조직·단체의 흥망성쇠를 좌지우지하는데 오히려 단체가 회원을 보유한다고 하는 것은 주객이 뒤바뀐 표현이다.

목구멍이 포도청이라는 속담이 있듯이 직장인은 직장에 예속되다시피 한다. 그렇다 하더라도 직원 역시 보유할 대상은 아니다. 취직은 마음대로 할 수 없어도 퇴직은 마음대로 할 수 있으므로 실제 보유하고 소유한 게 아니기도 하다.

'62만 명에 달하는 회원을 보유한'은 '회원이 62만

명에 달하는/이르는' '62만 명이 회원으로 가입한' '회원이 62만 명이나 되는'처럼 그때그때 상황에 알맞은 표현을 골라 쓰면 된다.

㉮  한국정보과학회는 전국의 대학교수 3500명 이상이 **회원으로 활동하고** 있으며, **회원 수는 3만7000여 명에 이른다. ◎**

㉯  1952년에 설립된 한국JC는 약 1만2000여명의 **회원을 보유하고** 있다. ✕

㉰  트위디에서 4220만 명의 **팔로어를 보유한** 방송인 오프라 윈프리도 계정을 열었다. ✕

사람을 '가지다'라고 표현하는 때도 있기는 하다. '잉태했음'을 나타내는 '아이를 가지다'라든가, '나를 가지고 놀지 마라' '너를 가지고 괜히 의심했구나'처럼 '나'나 '너', 즉 사람이 뒤의 동작이나 행동의 대상이 됨을 나타낼 때 '사람'이 '가지다'의 목적어가 된다. 물론 이런 때는 '가지다'를 '보유하다'나 '소유하다'로 맞바꿀 수 없다.

# 폭우 + 초토화

焦 그을릴 초  土 흙 토  化 될 화

㉮ **괌을 초토화한 슈퍼 태풍** 마와르가 서쪽으로 이동 중인 가운데 30일을 전후로 방향을 틀어 북상할 것으로 예상된다.

㉯ 방사능 **쓰나미로 항만을 초토화**할 수 있다고도 했다.

㉰ 14일 포항 지역에 평균 20센티미터 이상의 **'눈폭탄'이** 내리면서 지역 **양식장을 초토화**시켰다.

비바람이 몰아치고, 해일이 일고, 대설이 내리는 곳에선 큰불이 날까? 위의 세 문장에 따르면 태풍, 쓰나미(지진 해일), 눈은 큰불을 동반했다. '초토화'라는 낱말이 그렇다고 일러 준다. '초토'는 한자로 '焦土'이다. '초토'에 쓰인 한자 '焦'는 무엇을 나타낼까?

이 '焦'가 들어 있는 한자어 가운데 익숙한 것으로 '초점(焦點)'이 있다. 돋보기 등으로 햇빛을 종이의 한 점에 모이게 하면 종이가 그을리기 시작해 종이에 불이 붙는데 바로 그 점이 '초점'이다. '초미의 관심사'라고 할 때의 '초미(焦眉)'도 있다. '초미'는 눈썹에 불이 붙었다는 뜻으로 매우 급함을 이르는 말이다. 이처럼 '焦'는 '그을리다, 타다'를 나타내는 말이다. 따라서 '초토'는 불에 타서 검게 그을린 땅이다.

물과 불은 상극이니 둘은 동반할 수 없다. 비를 동반하는 태풍이나 해일, 눈이 큰불과 함께하는 것은 있을 수 없는 일이다. 불이 나지 않으니 땅이 그을릴 일, 다시 말해 '초토화(焦土化)'할 일 자체가 일어나지 않는 법이다.

이른바 '양간지풍'이 기승을 부리는 영동지방은 여러 해 연이어 대형 산불이 발생해 도처에 그 흔적이 남아 있다. 불에 탄 채 앙상한 모습으로 서 있는 나무들이 산에 가득하고, 검게 그을린 채 벽과 뼈대만 남은 건물이 산재해 있다. 산이고 마을이고 검게 그을린, 그야말로 땅거죽까지 검게 그을린 그 상태가 바로 '초토'이며 '초토로 되는' 것이 '초토화'이다. 2022년 2월 발발한 우크라이나 전쟁으로 우크라이나 국토는 곳곳이 러시아의 포격·폭격으로 폭발에 이어 화재가 발생하기도 하는 등 그야말로 잿더미가 되었다. 이런 때 바로 '초토화'되었다고 한다.

'초토'는 화재든 전쟁이든 불과 관련한 상황에만 써야 한다. 태풍, 해일, 폭설처럼 물과 관련한 재난에는 쓸 수 없다.

불이 난 것에 비유할 만한 상황이나 사회현상을 나타낼 때도 쓸 수 있다. '그 부서는 비리에 연루되는 바람에 초토화되었다'처럼. 비나 바람이나 눈 따위로 빚어진 재해로 본 피해는 '쑥대밭' 같은 말로써 표현할 수 있다.

㉣ 세계적인 휴양지인 하와이의 마우이섬이 **화마에 초토화됐습니다.** ◎

㉤ 예천 지역이 13일부터 사흘간 내린 **폭우로 쑥대밭이 됐다.** ◎

㉥ 13일부터 시작된 **집중호우에** 충청권 금강벨트가 **초토화됐다.** ✗

㉦ 경북 예천에서 **집중호우로** 마을이 **초토화된** 가운데, 한 숙박업소 업주가 이재민에게 무료로 방을 제공한 사실이 알려졌다. ✗

물론 '초토화'를 쓸 자리도 아니지만 글머리에 인용한 세 번째 문장의 '초토화시키다'는 불필요한 사동 표현이다. 특히 목적어를 취하는 타동사는 대부분 사동형을 쓸 필요가 없으니 혹여 '−시키다'라고 쓰고 싶더라도 우선 '−을 −하다' 꼴로 표현해 보기를 권한다. '좋은 사람 소개시켜 줘'가 아니라 '좋은 사람(을) 소개해 줘'처럼 말이다. '심부름하다'와 '심부름 시키다'처럼 그 행위를 '하는' 주체와 '하게 하는' 주체가 다를 때만 사동 표현을 써야 한다.

# 등용문 + 통과하다

登 오를 등　龍 용 룡　門 문 문

'등용문(登龍門)'은 너나없이 모두 들어 보았을 말이다. 그뿐만 아니라 누구나 이 말의 뜻을 잘 알고 있을 듯하다. 그런데 대부분 '신춘문예는 문단의 등용문이다' '각 일간지의 신춘문예 공모는 젊은 소설가들의 등용문이다'처럼 쓰곤 한다.

　표준국어대사전에서는 명사 '등용문'을 "용문(龍門)에 오른다는 뜻으로, 어려운 관문을 통과하여 크게 출세하게 됨. 또는 그 관문을 이르는 말. 잉어가 중국 황허강 중류의 급류인 용문을 오르면 용이 된다는 전설에서 유래한다"라고, 동사 '등용문하다'를 "어려운 관문을 통과하여 크게 출세하게 되다. 용문에 오른다는 뜻으로, 잉어가 중국 황허강 중류의 급류인 용문을 오르면 용이 된다는 전설에서 유래한다"라고 풀이했다. 또 '용문'은 "중국 황허강 중류에 있는 여울목. 잉어가 이곳을 뛰어오르면 용이 된다고 전하여진다"라고 풀이했다.

이 세 가지 풀이를 종합하면 '등용문'은 잉어가 황허강(황하)의 급류 가운데 한 곳인 용문을 오르면 용이 된다는 전설에서 유래하여 '출세'의 뜻이 생긴 말이다. 다만 '또는 그 관문을 이르는 말'이라는 풀이에서 문제가 불거진다. '관문'이라고 함으로써 '등–용문'의 낱말 구조를 '등용–문'으로 오해하게 만들었고, 그 때문에 '신춘문예는 등용문이다'라는 식으로 표현하게 된다.

'신춘문예'는 어려운 관문인 '용문'에 해당하고, 이에 응모하는 것은 용문을 거슬러 올라 통과하려는 시도이며, 그 시도가 성공하여 당선하는 것이 바로 용문을 거슬러 올라 통과함으로써 비로소 용이 됐음을 나타내는 '등용문'이다. '등용문'은 '관문'이 아니라 '관문을 통과하는 것'이다. 따라서 다음과 같이 표현할 수 있다.

㉮   ○○○ 씨가 국회의원 선거에서 당선하여 **등용문의 기쁨을 누렸다. ◉**

㉯   그가 **등용문을 이루는** 과정에는 수많은 난관이 도사

리고 있었다. ◉

㉡　젊은 작가들이 신춘문예에 당선하여 **등용문했다.** ◉

㉣　신춘문예는 문단의 **등용문이다.** ✕

　　문제는 표준국어대사전뿐만 아니라 모든 사전이 '등용문'을 '관문'으로도 풀이하고 있다는 것이다. 만약 관문이라면 '登龍'과 '門'의 합성어가 된다. 한글맞춤법에 따르면 이때는 '등룡문'이라고 적어야 한다. '登-龍門'의 구조일 때는 '登'이 접두어가 되므로 '龍門'이 두음법칙에 따라 '용문'이 되지만 '登龍-門'의 구조일 때는 '등룡'과 '문'이 결합하는 형태이기 때문에 '등룡문'으로 적어야 하는 것이다.

　　관문으로서의 '등용문(등룡문)'은 '용문'이라는 지명과는 전혀 관련 없는 낱말이 될 수밖에 없는데 사전에서는 '용문'을 오르는 것 또는 그 관문이라고 풀이하고 있으니 참으로 모순이 아닐 수 없다.

　　한편 '등용(登用*/登庸**)'은 '인재를 뽑아서 씀'을 뜻하며 '인재 등용' '학벌이나 배경이 등용의 수단이 되어서는 안 된다'처럼 쓴다. 이 '등용'은 '사람을 뽑는' 쪽의 관점에서 쓰는 말이며 '등용문'은 '스스로 어려운 과

---

* 쓸 용
** 쓸 용

정을 헤쳐 나가' 입신출세함을 이르는 말임을 기억하면 두 말을 헷갈릴 일이 없다.

# 고요 + 와중

渦 소용돌이 와  中 가운데 중

"조선중앙TV는 기록영화에서 김정은이 전용 열차로 이동하는 와중에도 눈을 붙이지 않고 업무를 보는 모습을 공개한 바 있다."

    이 문장을 보면 김정은은 복잡하고 시끄러운 상황에 휘말려 있다. '와중(渦中)'이 그렇다고 일러 준다. '渦'는 소용돌이이다. 따라서 '와중'은 '소용돌이치는 가운데'를 뜻한다. 소용돌이는 물이 빙빙 돌면서 흐르는 곳인데 이곳에 휘말리면 빠져나오기 어렵다. 여기에서 '일이나 사건 따위가 시끄럽고 복잡하게 벌어지는 가운데'라는 뜻이 생겼다. 이런 까닭에 예문에서 김정은이 이동하는 상황이 복잡하고 시끄러운 일에 휘말려 있다면 '이동하는 와중에도'가 맞는 말일 수 있겠지만 그렇지 않다면

'이동하는 중에도'라고 하여야 하는 것이다.

"바쁜 와중에도 찾아 주신 내빈 여러분께 감사의 말씀을 드립니다." 각종 행사장에서 사회자 등이 상투적으로 하는 말이다. 이때 역시 '바쁜 중에도/바쁜데도 불구하고'라고만 하면 된다. 일상의 상황에서 바쁘다고 하더라도 그게 '와중'이라고 표현할 만큼 시끄럽고 복잡한 상황이 아니기 때문이다.

예를 들어 "보유세 부담이 줄어드는 와중에 집값이 올라갈 것으로 전망되면서"나 "테슬라 주가가 회복세를 보이는 와중에 LVMH 주가가 하락세를 이어 가면서" 같은 문장에서도 '와중에'는 '중에'나 '가운데'라고 하여야 바른 표현이 된다. 심지어 '조용한 와중에' '일이 순조롭게 진행되는 와중에' 같은 표현도 간혹 보이는데 이 역시 '중에'나 '가운데' 따위의 말로 바꿔 쓰는 것이 옳다.

'와중'은 "우크라이나의 상황은 매우 안 좋지만 전쟁의 와중에도 새 생명들이 지난해보다 더 많이 태어났다"처럼 전쟁·재난 같은 상황에 처했거나 사회문제가 될 만큼 큰 사건 사고와 관련되어 있을 때 '-의 와중에' '-하는 와중에' 꼴로 쓴다. 조직이나 개인과 관련한 상황이라면 통상의 바쁜 정도를 넘어 뒤숭숭하고 불안감을 느낄 정도의 난관에 부닥쳤을 때 쓸 수 있겠다. '아이가 다쳐 병원 응급실로 달려가는 와중에 그를 만났다'처럼 쓸 수 있다.

㉮ 정부와 의사 단체의 **갈등이 정점을 향해 치솟는 와중에** 보건의료노조 등은 파업 반대를 주장하고 있다. **ⓞ**

㉯ 올해부터 원전 가동을 멈추고 시행하는 정기검사 대신, 원전을 **운전하는 와중에** 연중 상시검사를 하는 방향으로 전환할 예정이다. **❌**

㉰ 인공지능(AI) 시대를 맞아 글로벌 산업계가 **초호황기를 누리는 와중에** 한국만 유독 소외돼 있는 것으로 나타났다. **❌**

㉱ **배달비가 점점 높아지는 와중에** 엔데믹이 찾아오면서 배달 주문이 줄어든 것으로 풀이된다. **❌**

㉲ 창밖의 가을 하늘은 파랬다. **고요한 와중에** 새가 지저귀는 소리만 들렸다. **❌**

# 아들 + 재원

才 재주 재　媛 미녀 원

우리나라에서도 누군가의 성전환 수술 소식은 이제 대단한 뉴스 축에 들지 못할 정도가 됐다. 하시만 성전환 수술을 받은 적도 없고 그럴 생각도 없는 사람을 글로써 말로써 성전환을 시켜 놓는 일이 비일비재하다.

　어떤 매체에서 "이강인은 아스톤 빌라, 뉴캐슬 유나이티드, 맨체스터 유나이티드 등 프리미어리그 팀들이 군침을 흘리는 재원이다"라고 기사를 쓰는 바람에 축구 선수 이강인은 졸지에 여성이 되었다. 잉글랜드 프리미어리그 선수인 데클란 라이스도 "수비형 미드필더인 라이스는 24살의 나이에도 잉글랜드 국가대표로 선발돼 41경기를 소화한 재원이다"라는 문장으로, 2023년 퀸엘리자베스 콩쿠르에서 우승한 바리톤 김태한도 "지난해 스페인 비냐스 국제 콩쿠르와 리카르도 찬도나이 국제 성악 콩쿠르에서 특별상을 받았고 노이에 슈티멘 국제 성악 콩쿠르에서 브라이언 디키 젊은 음악가 특별상을 받은 재원이다"라는 문장으로 똑같이 당했다.

가끔 성별에 따라 달리 쓰는 말이 있다. 재주가 많은 사람, 다시 말해 재주꾼도 성별에 따라 남자는 '재사(才士)/재자(才子)'라고 하며, 여자는 '재녀(才女)/재원(才媛)'이라고 한다. '재사'는 '재주가 뛰어난 남자'이며, '재녀'는 '재주가 뛰어난 여자'이다. '재자'는 '재주가 뛰어난 젊은 남자'이며, '재원'은 '재주가 뛰어난 젊은 여자'이다.

'재자'나 '재원'에는 '젊은'이라는 조건이 하나 더 있으니 나이 많은 사람에게는 쓰기 어렵다. '젊은'의 기준이 명확하지는 않지만 『훈민정음 국어사전』에서는 젊은이의 기준을 "18세 정도에서 30대 사이"라고 한바 40대 이상은 '재자'나 '재원'이라고 할 수 없는 셈이다. 2024년 기준으로 이강인이나 라이스나 김태한은 재자라고 표현할 수 있겠다.

문제는 이 네 가지 낱말 가운데 '재원'을 남녀를 가리지 않고 쓰는 점이다. 나이 지긋한 사람에게 쓰기도 한다. 이른바 명문 대학이나 잘나가는 회사에 다니면 그 사람에게 어떤 재주가 있는지도 밝히지 않은 채 '재원'이란 말을 남발하기도 한다. 반드시 재주가 뛰어난 젊은 여자를 지칭할 때만 '재원'을 써야 하며, '○○○는 폭넓은 교양을 갖춘 재원이다'처럼 쓴다.

㉮ **미스 아메리카** 대회에서 현역 공군 장교가 우승해 화제다. 조종사와 우주 비행사를 꿈꾸다 최근 암 연구로 전향한 **재원이다. ◎**

㉯ 측근에 따르면 **예비 신부는** 항공사 승무원으로 미모와 지혜를 갖춘 **재원이다. ◎**

㉰ **막내아들** 또한 명문 USC 경영대 재학 중 입대한 **재원이다. ✕**

# 묘령 + 남자

妙 묘할 묘  齡 나이 령

'재원'이라는 낱말을 남자에게 잘못 쓰는 바람에 남자를 여자로 오해하게끔 만들 수 있음을 앞에서 살펴보았다. 이와 꼭 같은 실수를 저지르게 하는 낱말이 또 있다. 바로 '묘령(妙齡)'이다.

'묘(妙)'는 '묘하게 생겼다/묘한 재주/묘한 기분'이라고 할 때 '묘하다'의 뜻을 나타내는 말이다. 즉 '묘할 묘'이다. '령(齡)'은 '연령(年齡)'이라는 말에 쓰이듯이 나이를 나타내는 말이다.

'묘'가 '묘하다'를 나타내는 말이어서일까? '묘령'을 '묘함'의 뜻으로 쓰곤 한다. 하지만 주로 '묘령의'의 꼴로 쓰여 사람을 지칭할 때는 '젊은 여인'의 나이를 뜻하는 말이다. 그것도 '스무 살 안팎'의 젊은 여인이다.

2024년에 작성된 어느 연예 기사에는 "묘령의 여인은 제작진의 만류에도 카메라 앞을 당당하게 지나가는 모습으로 양촌리 식구들을 당황케 했다"라는 문장이 있다. 이 문장만 보면 문제가 없다. '묘령의 여인'은 젊은 여인일 것이라고 짐작할 수 있으므로. 그러나 전체 기사 내용을 살펴보면 그게 아니다. '묘령의 여인'이 고두심 씨이기 때문이다. 공개된 자료에 따르면 고두심 씨는 1951년생이다. 2024년 현재 칠순을 훌쩍 넘겼다. 아무리 젊어 보인다 해도 '묘령의'라는 수식어를 붙일 만한 나이가 아니다.

그런가 하면 이런 잘못도 저지른다. 또 다른 연예 기사에는 "일어나는 법을 배우지 않아 넘어진 상태로 당황한 서윤아에게 묘령의 남자가 다가왔다"라는 문장이 등장한다. '남자'라고 밝혀 준 덕분에 '재원'이 된 이강인처럼 성전환까지는 당하지 않은 셈이지만 여성에게 쓸 말로써 묘사되었으니 어이없기는 마찬가지다. 이 '묘령의 남자'가 색다른 사람임을 나타내려고 쓴 말이라면 '묘한 남자' 정도가 적당하겠다. 혹 '20세 안팎의 젊은 남자'임을 나타내려고 했다면 '약관(弱冠)'이라는 말을 써야 한다. '약관'은 『예기』「곡례」편에 나오는 말로서 공자가

'스무 살에 관례를 한다'라고 하여 유래하였다. 따라서 스무 살 된 남자를 이른다. '관례'란 스무 살 남자가 상투를 틀고 갓을 쓰는, 요즘 풍습으로 치자면 성인식 같은 의례이다.

아무튼 '묘령'은 어떤 상황에서든 '여성'을 나타내는 말과 함께 써야 한다. '묘령의 여인/묘령의 여성/묘령의 아가씨/묘령의 여학생'처럼. 이때의 여성은 모두 스무 살 안팎이어야 한다.

'재원'은 젊은 여성, 즉 사람을 나타내며 '묘령'은 여성의 나이가 스무 살 안팎임을 나타낸다.

# 출사표 + 던지다

出 날 출  師 군사 사  表 겉 표

왕조시대에 임금에게 올리던 글에는 장(狀*), 표(表), 주(奏**), 소(疏***) 등 여러 가지가 있다. 그 가운데 '표'는 요즘에도 심심치 않게 쓰이는 말이다.

  '표' 가운데 요즘 사람들에게도 익숙한 것으로 '출사표(出師表)'가 있다. 출사표는 전장으로 떠나는 장수가 출병할 때 그 뜻을 적어서 임금에게 올리는 글이다. '출사'는 '출병'과 같은 말로 '군대를 싸움터로 내보내는 일'이다. 출사표 가운데 가장 유명한 것은 중국의 삼국시대에 촉나라의 재상 제갈량이 위나라를 정벌하기 위해 출병하면서 후주 유선에게 올린 출사표이다.

  이 '출사표'는 선거철만 되면 넘쳐 나는 말 가운데 하나다. "선거에 출마할 수 있는 연령이 만 18세로 낮아

---

* 문서 장
** 아뢸 주
*** 소통할 소

210

지면서 6·1 지방선거에 10대 후보 7명이 출사표를 던졌다" "김 의원은 국민과 당을 위한 마지막 봉사를 위해 출마한다며 출사표를 던졌다"처럼 쓴다. 임금에게 절차를 밟고 예를 갖춰 정중히 올리는 글을 예문에서처럼 던졌다고 표현하는 것은 아무래도 지나치다. 만약 왕조시대에 임금에게 출사표를 던진다면 출병도 하기 전에 목이 달아나고 말았을 테다.

운동경기에 나설 때도 "선수단은 이번 대회에서 22개 이상의 메달 획득을 목표로 출사표를 던졌다" "디펜딩 챔피언 양지호는 올 시즌 부진을 딛고 대회 2연패를 향해 출사표를 던졌다"라고 흔하게 쓴다.

선거나 운동경기뿐만 아니라 기업이 신제품을 출시하거나 새로운 사업 영역에 진출할 때도 "롯데제과는 탄산음료 위주였던 제로 식품 시장에 제로 디저트로 출사표를 던졌다" "애플의 신제품 발표 전 메타는 VR 헤드셋 퀘스트3의 하반기 출시를 발표하며 출사표를 던졌다"처럼 쓰곤 한다.

아무리 뜻이 달리 쓰인다고 하더라도 그 유래로 보아 출사표는 정중한 예를 갖춰 발표할 일이지 던져서는 곤란하다. 적어도 '출사표를 내다'나 '출사표를 발표하다'처럼 표현하는 것이 바람직하다. 선거에 나서는 사람의 출사표는 자신에게 표를 줄 유권자에게 보이기 위한 것이다. 선거 입후보자들은 유세하면서 유권자들에게 큰절도 서슴지 않으니 출사표도 던지지 말고 올리고 바칠 일이다. 올리고 바치는 것이 너무 과하다 싶으면 최소한 '내다'라고 할 일이다. 아니면 '출마의 변'을 발표하든지. 운동선수도 출사표를 던지지 말고 대회에 임하는 각오를 밝히는 것이 더욱 좋을 듯하다. 기업 역시 새로운 제품을 출시하고 새로운 영역에 진출하겠다고 발표하면 그만이다.

㉮ 수도권 3선에 성공한 송석준 의원이 **출사표를 냈습니다.** ⊙

㉯ 충주에서 4선에 성공한 국민의힘 이종배 의원이 원내대표 **출마를 선언했습니다.** ⊙

㉰ 수도권 3선인 송석준 국민의힘 의원이 2일 차기 원내대표 선거에 **출사표를 던졌다.** ✕

임금에게 올리는 글을 언급한 김에 '장원'이라는 말도 한번 살펴보자. '장원'은 글머리에 나열한 '狀'(문서

장)과 관련된 말이다. '장원급제'나 '백일장에서 장원을 했다'라고 할 때의 '장원'이다. 이 '장원'을 한자로 '壯元*'으로 쓰곤 하는데, 이는 '狀元'의 잘못이라고 200여 년 전 다산 정약용이 밝힌 바 있다. 다산은 1819년 저술한 『아언각비(雅言覺非**)』에서 "장원(狀元)이란 주장의 첫머리에 쓰인 것이다. 과거에 합격한 진사의 방을 내붙일 때에는 반드시 주장을 만들어 천자에게 추천했기 때문에 그 첫 번째 사람을 장원이라고 일컬었다. (……) 또 문서 장(狀) 자를 그릇되게 장할 장(壯) 자로 만들어 이를 장원(壯元)이라 이르고 (……) 어찌 잘못된 것이 아니리요"(『아언각비·이담속찬』, 정해렴 역주)라고 했다. 두 세기가 넘게 지난 지금도 다산의 지적은 유효하다. 표준국어대사전은 '壯元/狀元'으로 틀린 표기를 앞에 두었을 뿐만 아니라 장원급제(壯元及第), 도장원(都壯元), 장두(壯頭) 같은 관련어에서는 '壯'으로만 표기하고 있다. 국어 상식으로 알아 두었으면 해서 덧붙인다.

---

* 씩씩할 장, 으뜸 원
** 雅바를 아·言말씀 언·覺깨달을 각·非아닐 비. '항상 쓰는 말 가운데 잘못을 깨우치다'라는 의미다.

# 회자 + 되다

膾 회 회  炙 구울 자

"그의 탐욕은 두고두고 회자되고 있다."

'탐욕'과 관련한 사실이 사람들의 입에 자주 오르내리다는 말이다. 하지만 '탐욕'이라고 했으니 만큼 좋은 일, 본받을 만한 사례, 칭찬할 만한 미담이라고 말할 리는 없을 테다. 그러면 이 문장에 쓰인 '회자(膾炙)'는 어떤 뜻일까? '회'는 고기나 생선을 날로 잘게 썬 것이다. 많은 사람이 즐기는 생선회나, 현대에는 일부 꺼리는 사람이 있기는 하지만 역시 많은 사람이 즐기는 육회를 말한다. '자'는 구운 고기이다. 채식주의자가 아니라면 다들 회와 구운 고기를 좋아할 것이다. 그래서 '회자'는 '좋고 아름다운' 사물과 어울린다. 본받고 칭송하고 칭찬하고 좋아할 만할 때 쓴다. 탐욕이 회자되는 것은 있어서는 안 될 일이다.

　‘인구에 회자되는 명시’ ‘윤봉길 의사의 의거는 지금
까지도 회자된다’처럼 쓸 수 있다.


㉮　박지성은 7시즌 동안 **인상 깊은 활약을 펼쳐** 지금도
　맨유 팬들에게 **회자되는** 인물이다. ⓞ

㉯　부동산 중개업자들 사이에서는 여전히 **거래절벽이**
　**란 말이 회자되고** 있다. ⊗

㉰　이 과정에서 **과장과 왜곡이 더해져서** 전혀 사실과 다
　른 얘기들이 인구에 **회자되었다.** ⊗


　그러면 ‘범행’이나 ‘악행’같이 좋지도, 옳지도, 바람
직하지도 않은 일을 많은 사람이 자주 거론하는 것은 뭐
라고 해야 할까?

　우선 ‘구설’이 있다. 시비하거나 헐뜯는 말을 이른
다. ‘구설에 오르다’ 꼴로 써서 어떤 사람이나 그 사람과
관련한 일이 남의 입에 오르내리는 것을 나타낸다. 여기
서 한 가지 기억해 둘 것은 ‘구설수’이다. ‘구설수’는 ‘남
과 시비하거나 남에게서 헐뜯는 말을 듣게 될 운수’, 즉
구설에 오를 운세이다. ‘구설수가 들다’ ‘구설수가 있다/

없다'처럼 쓴다.

㉻ 그는 은퇴 이후 음주 운전과 폭행 사건에 연루돼 수
차례 **구설에 올랐다. ⊙**

㉢ 트럼프는 최근 들어 잦은 말실수로 **구설수에 올랐다.**
**Ⓧ**


'말밥'도 있다. 좋지 못한 이야기의 대상임을 이른
다. '말밥 삼다'라거나 '말밥에 얹다'라고 하면 좋지 못한
일로 얘깃거리의 대상으로 삼는다는 뜻이 된다. '말밥에
오르다'는 좋지 못한 일로 얘깃거리의 대상이 되었다는
뜻이다.

남을 흉보는 입놀림이라는 의미로 '입길'을 쓸 수도
있다. 대상이 되면 '입길에 오르다'라고, 대상으로 삼으
면 '입길에 올리다'라고 할 수 있다.

# 스승 + (의) + 선친

先 먼저 선  親 어버이 친

"페르디난드 마르코스 필리핀 대통령이 과거 선친의 행적을 미화하고 나섰다. 그의 선친인 마르코스 전 대통령은 1965년부터 1986년까지 장기 집권한 독재자다."

페르디난드 마르코스 주니어 필리핀 대통령이 고인이 된 자기 아버지 페르디난드 마르코스 전 대통령을 미화한다는 기사의 일부이다. 고인이 된 '마르코스 대통령의 아버지'를 '선친(先親)'이라고 표현했는데 매우 큰 잘못을 범한 것이다. '선친'은 '남에게 돌아가신 자기 아버지를 이르는 말'이다. 결국 마르코스 대통령이 '글쓴이의 돌아가신 아버지'의 행적을 미화하고 나섰다'라는 뜻이 되므로 잘못인 것이다.

'선친'은 오로지 말하는 이가 돌아가신 자기 아버지

를 지칭할 때만 쓰며 다른 사람이 '아무개의 선친'처럼 지칭하여서는 안 된다. '선생님의 선친께서는 참으로 훌륭한 분이셨습니다'가 아니라 '선생님의 선대인께서는 참으로 훌륭한 분이셨습니다'처럼 표현해야 한다. 남의 돌아가신 아버지를 지칭하는 말로는 선대인뿐 아니라 선고장(先考丈*), 선장(先丈)도 있다. 남의 돌아가신 아버지를 지칭할 때 서로가 그 사실을 알고 말한다면 '아버지'나 '아버님' '부친'만으로도 충분하다. 필요하다면 '돌아가신 아버지' '돌아가신 아버님' '돌아가신 부친' 정도로 말할 수 있겠다. 예컨대 '돌아가신 자네 아버님의 유지를 잘 받들어야 하네' '그 사람이 돌아가신 아버지의 유지를 잘 받들어야 할 텐데'처럼 상황에 따라 쓰면 된다. 말하는 이가 자신의 아버지를 '나의 선친' '우리 선친' '저희 선친'처럼 지칭할 필요도 없다. 그냥 '선친의 유지를 잘 받들겠습니다'처럼 표현하면 된다. '선친'이 말하는 이의 아버지이기 때문이다. 2023년 봄 정가를 시끄럽게 만든 '야당 대표 선친 묘소 훼손 사건'도 '야당 대표 부친 묘소 훼손 사건'이라고 하여야 바른 표현이 된다. 물론 해당 야당 대표 스스로가 말할 때는 '선친 묘소 훼손 사건'이 맞다.

---

* 먼저 선, 생각할 고, 어른 장

돌아가신 자기 어머니를 이르는 말인 선자(先慈*），
선비(先妣**)도 선천과 마찬가지 방식으로 쓴다.

한편 '선천께서 오셔서 가족이 모두 모여 식사하기
로 했다'처럼 선천을 부친이나 아버지와 같은 말로 생각
해 멀쩡히 살아 있는 아버지를 지칭하면서 사용하기도
한다. 이 또한 매우 큰 잘못이다. '돌아가신 아버지'를 지
칭할 때만 쓰는 말임을 다시 한번 강조한다.

㉮   함경도 음식이 내게는 고향 음식이다. **선친의** 고향
     도, 내 고향도 함경도 북청이다. **◎**

㉯   **이 회장이** 미래 산업을 챙기는 배경에 **선친이** 남긴
     '사업보국' 정신이 깔려 있다는 해석도 있다. **✖**

* 사랑 자
** 죽은 어머니 비

# 선영 + 모시다

先 먼저 선　塋 무덤 영

'선친'과 함께 말실수하기 십상인 말이 '선영(先塋)'이다.

　　요즘은 화장한 뒤 납골당에 안치하기도 하고 수목장을 하기도 하는 등 다양한 장례 방식이 생겼지만 예부터 사람이 사망하면 무덤을 써 왔다. 매장할 때는 공원묘지 등에 고인을 모시기도 하고 대부분은 고인의 조상들이 묻힌 묘역에 모셨다. 이처럼 돌아가신 이를 그의 조상묘역에 안장할 때 흔히 '선영에 모신다'라고 한다. 부고나 부고 기사 등에서는 '장지는 선영'처럼 표현하기도 한다. 그런데 '선영에 모시다'나 '장지는 선영'이라는 표현은 망발에 가깝다. '선영'은 '조상의 무덤'이므로 조상의 무덤에 모신다는 것은 배우자도 아닌 조상과 합장한다는 표현과 다를 게 없기 때문이다.

고인을 조상이 모셔져 있는 묘역에 모실 때는 장지를 '선영'이 아니라 '선영 하' '선영 아래' '선산'이라고 해야 한다. '선영 하'나 '선영 아래'는 조상의 무덤 아래쪽이라는 말이다. 묘역의 위쪽에 제일 윗대의 조상을 모시고 그 아래로 차례차례 모시는 관습에 따라 선대의 무덤 아래쪽에 고인을 모시겠다는 표현이다. '선산'은 '조상의 무덤이 있는 산'을 뜻하며 여기에서 '조상의 무덤'이라는 뜻이 보태진 것으로 보인다. 따라서 '선산에 모시다' '장지는 선산'이라고 할 수 있다. 여러 대 조상의 무덤, 즉 '선영'이 모여 있는 곳이 '선산'이므로 돌아가신 이를 안장할 곳은 통상 선산에 있는, 고인의 바로 윗대인 부모의 선영 아래가 된다.

㉮ 박열은 형에게 부탁하여 후미코의 시신을 고향 문경의 **선산에 안장하게** 한다. ◎

㉯ 정운이 전사하자 이순신은 시신을 수습한 후 해남의 두륜산 자락 **선영에 안장하고** 영전에 제문을 올린다. ✖

# 역임 + 하고 있다

歷 지낼 력  任 맡길 임

인사 철이 되면 많은 사람이 일터에서 자리를 옮기게 된다. 승진하는 사람도 있고, 다른 부서로 이동하는 사람도 있으며, 아예 직장을 바꾸는 사람도 있다. 이런 때 특정인의 자리 이동 사실을 소개하거나, 인사이동이 아니더라도 어떤 사람의 경력을 소개할 때 '역임'이란 말을 많이 쓴다.

예컨대 '아무개 실장은 ○○국장을 역임했다'라든지 '아무개 선생님은 ○○회사 사장을 역임했다'라고 하는 식이다. '아무개 씨는 ○○단체 대표를 역임하고 있다'라고도 한다.

'역임(歷任)'은 '여러 직위를 두루 거쳐 지냄'을 뜻한다. 다시 말해 과거에 이런 직위, 저런 직위를 두루 맡은 경험이 있음을 나타낸다. 말 그대로 과거에 두루 거쳐 온 직위를 둘 이상 나열한 다음 '역임'이라고 표현해야 한다.

'아무개 실장은 ○○과장, ○○국장을 역임했다'라든지 '아무개 선생님은 ○○회사 사장, ○○협회 회장을 역임했다'처럼 직책을 둘 이상 밝혀 주어야 바른 표현이 된다. 그래야 두루 거쳤음을 나타낼 수 있다.

"아무개 씨는 ○○단체 대표를 역임하고 있다"라는 표현은 그가 동시에 맡고 있는 다른 직위를 함께 나열해 준다고 해도 '역임'을 쓸 수 없다. '-하고 있다'가 현재 상황을 나타내는데 '역임'은 '과거의 경력'임을 드러내는 말이기 때문이다. '역임하고 있다' 대신 '맡고 있다'처럼 표현하면 된다.

㉮ 김 교수는 **한국국제경제학회장, 한국개발정책학회장, 한국경제학회 부회장 등을 역임하며** 경제학계 발전에 힘써 왔다. ◉

㉯ 그는 **채권금융기관조정위원장과 중소벤처기업부의 평가위원장을 역임했고** 현재 중소벤처기업부 규제심사위원장, 경기도과학진흥원 이사로 활동하고 있

다. **⊙**

㉰ 1996년부터 3년간 부산국제영화제 집행위원회 **부위원장을 역임했다.** **⊗**

㉱ 중·성동을은 **당협위원장을 역임했던** 지상욱 전 의원이 불출마를 선언했다. **⊗**


표준국어대사전에서는 '역임하다'의 용례로 "정부 요직을 역임하다" "그는 주요 관직을 역임한 매우 청렴한 사람이다"를 제시했는데 '정부 요직'과 '주요 관직'을 복수형으로 간주한 것으로 보인다. '정부 요직'과 '주요 관직'이 복수임을 확실히 해 주는 관형어나 부사어를 보태 주어야 사전을 참고하는 언중이 헷갈리지 않을 듯하다.

# 남루(한) + 집

襤 헌 누더기 람   褸 헌 누더기 루

㉮  낡은 시골 학교는 진입로부터 복도, 상담실 등 구석
    구석이 **남루했다**.

㉯  달동네를 밀고 아파트를 지었다. **남루한 동네**가 번
    듯해지면 빈곤이 사라진 듯했다.

㉰  민주주의와 공정은 중우정치 회오리에 쓸려 **남루한
    깃발**만 남았다.

㉱  도다해에겐 아름다운 로맨스가 복귀주에겐 **남루한
    현실**이었고, 둘 다 진실일 수 있다.

이 예문들을 보면 시골 학교도, 동네도, 깃발도, 현실도
남루(襤褸)하다. '남루'가 어떤 뜻이기에 '귀에 걸면 귀
걸이 코에 걸면 코걸이'처럼 이렇게 다양한 사물과 어울

225

려 쓰일 수 있을까? '남루'는 글자 그대로 '누더기', 즉 누덕누덕 기운 헌 옷이다. 해어지고 찢어진 곳을 여기저기 너저분하게 기운 옷이 누더기요 남루이다. 여기에서 옷 따위가 낡아 해어지고 차림새가 너저분하다는 뜻의 형용사 '남루하다'가 파생하였다.

따라서 '남루'는 옷은 물론 옷과 관련된 표현인 옷차림이나 행색, 또는 그런 옷을 입어 초라하고 꾀죄죄하게 보이는 사람을 표현할 때 쓰는 말이다.

시골 학교나 동네는 초라하다든지 지저분하다고 표현하면 될 듯하다. '남루한 깃발'은 아마도 갈기갈기 찢어졌거나 빛바랜 형상을 하고 있을 듯하다. '남루한 현실'은 짐작하건대 참담하거나 부끄러운 기색을 보이는 것이다.

'남루'는 누더기 그 자체, 그런 옷을 입은 모양새, 그런 옷을 입은 사람을 나타낼 때 쓰는 말이다. 그런 사람의 행동은 물론이고 옷, 차림새와 관련 없는 사물을 표현할 때 쓰면 바람직하지 않다.

㉺  30년 동안 입은 **승복은 매우 남루했다. ◎**

㉻  황희가 **남루한 행색**의 중을 데리고 와 흥천사에서

기도할 수 있게 해 줄 것을 주청했다. ⭕

㉔ 너무나 **남루한 행동** 같다는 자각에다가 옆에서 기다리는 아내의 민망함도 신경 쓰여 병을 도로 테이블 위에 올려놓았다. ❌

㉕ 이산가족 상봉 취재를 위해 찾은 금강산 관광지구 **시설물들은 빛바래고 남루했다.** ❌

㉖ 임대 아파트는 분양 아파트 단지의 틈바구니에서 저소득층의 **남루한 집**이라는 낙인이 찍히게 된다. ❌

㉗ 이 소설은 **남루한 일상**을 살아가는 한 청년이 광고용 달력 사진 속 배우와 사랑에 빠지는 이야기를 그리고 있다. ❌

㉘ 세월의 **남루한 그늘**을 밝히던 아버지는 존재만으로도 든든한 등불이었다. ❌

# 세 + 배 + 싸다

倍 곱 배

"머리가 사람 얼굴보다 더 큰 살아 있는 문어들, 싱싱한 전복들, 서울보다 세 배는 값이 싼 갈치 고등어 꽃게 사이를 오가다가 왜 너는 엄마를 생각했을까."

유명 작가의 이른바 밀리언셀러에 나오는 문장이다. 잘못이 한두 가지가 아니지만 여기선 한자어 한 가지만 얘기해 보자. '서울보다 세배는 값이 싼'이란 구절이다. 서울과 현재 이 소설 화자가 있는 곳의 갈치 고등어 꽃게의 값을 비교하자면 서울이 세 배나 비싸다는 얘기를 이렇게 한 것이다.

'서울보다 세 배는 값이 싼'에서 한자어라고는 딱 하나다. 바로 '배(倍)'이다. '배'는 '어떤 수나 양을 두 번 합한 만큼' 또는 주로 고유어 수 뒤에 쓰여 '일정한 수나 양이 그 수만큼 거듭됨'을 이르는 말이다. 고유어 '곱, 곱절, 갑절'과 같은 말이다.

뜻풀이에서 짐작할 수 있듯이 '배'는 수로든 양으로든 무언가가 크거나 커지는 상황을 표현하게 된다. 그 앞에 붙는 수관형사만큼 수나 양이 불어나게 되는 것이다. 이 예문에서는 '값이 싼'과 함께 썼는데 값이 싸다는 것은 값의 크기가 작은 것이다. 그러므로 이런 표현은 잘못이다. 뜻밖에도 많은 사람이 이런 유의 실수를 한다. '속도가 두 배 느리다/두 배 줄어든다'처럼.

'배'는 '길다/넓다/높다/늘다/많다/비싸다/빠르다/오르다/진하다/짙다/크다' 같은 말과 함께 쓴다. 그 반대인 '짧다/좁다/낮다/줄다/적다/싸다/느리다/내리다/묽다/연하다/작다' 따위의 말과는 더불어 쓸 수 없다. 고유어 '곱, 곱절, 갑절'도 마찬가지다.

수나 양이 작거나 작아지는 것을 나타낼 때는 어떻게 표현해야 할까. 아쉽게도 그런 때 쓰는 낱말은 없는 듯하다. 필자의 국어 지식으로도 그렇고, 각종 국어사전이나 반대말 사전 등에서도 '배, 곱, 곱절, 갑절'의 반대말은 제시하지 않았다. 위 예문으로 말하자면 '3분의 1'이나 '절반도 되지 않는' 같은 표현을 쓸 수밖에 없다. 멋스럽지는 못하겠지만 '퍼센트'를 쓰는 방법도 있겠다.

사족을 하나 달자면 예문의 '세 배'는 반드시 띄어 써야 한다. '세'는 관형사이고, '배'는 명사이므로.

㉮ 기존 SSD 시스템 대비 **2배 많은** 처리량을 제공하고 ◎ 응답 시간을 약 **10배 줄였다❌**.

㉯ 공동연구팀은 액시온을 종전보다 **2배가량 빠르게** 찾을 수 있는 방법을 개발해 국제학술지『네이처』에 발표했다. ◎

㉰ 지금 컴퓨터에 비하면 **수십만 배 느린** 수준이지만 인류 역사상 가장 강력하고 놀라운 기술 중 하나다. ❌

㉱ 암흑물질의 강력한 후보 중 하나는 전자보다 **수십억 배 또는 수조 배 작은** 가상 입자 액시온이다. ❌

# 타산지석 + 삼다

他 다를 타　山 뫼 산　之 갈 지　石 돌 석

"'일하지 않는 나라에는 미래가 없다'라는 이탈리아의 노동 개혁을 타산지석으로 삼았으면 한다."

이탈리아의 노동 개혁과 관련한 모 경제 신문 사설의 결론 부분이다. 이 사설이 이탈리아에서 추진하는 노동 개혁이 바람직하다고 주장한다는 것을 짐작할 수 있다. 하지만 잘못 쓴 낱말 하나가 이 문장의 완성도를 떨어뜨린다.

바로 '타산지석(他山之石)'이다. 말 그대로 '다른 산의 돌', 즉 다른 산의 하찮은 돌, 보잘것없는 돌을 가리킨다. 『시경』 소아 편 「학명」에 "他山之石 可以攻玉(다른 산의 돌이라도 이로써 옥을 갈 수 있네)"라고 한 데서 '다른 산의 나쁜 돌이라도 자기 산의 옥돌을 가는 데에 쓸 수 있다'라는 뜻을 나타내게 되었다. 본이 되지 않는 남의 말이나 행동도 자신의 지식과 인격을 수양하는 데에 도움이 될 수 있음을 비유적으로 이른다. 돌을 소인에 비유하고 옥을 군자에 비유함으로써 군자도 소인에 의해 수양과 학덕을 쌓아 나갈 수 있음을 이르기도 한다.

글머리에 인용한 문장에서 '이탈리아의 노동 개혁'이 바람직한 것이라면 '다른 산의 하찮은 돌, 보잘것없는 돌'이라고 해서는 안 되는 법이다. '일하지 않는 나라에 미래가 없음을 보여 주는 이탈리아 노동계의 현실을 타산지석으로 삼았으면 한다'라고 했더라면 좋았을 테다. 즉 다른 사람/지방/나라/기관 등등 남의 보잘것없고/하찮고/잘못된 사물을 보고 나와 우리가 도움이 되는 무엇인가를 얻었을 때/얻을 때/얻자고 할 때 쓰는 말이다. 그러므로 옳지 않은 것/바람직하지 않은 것/하찮은 것/보잘것없는 것을 '타산지석으로 삼아야' 한다.

'타산지석'과는 달리 남의 훌륭한 점이 보고 배울 만하면 어떤 말로써 표현할까? '귀감(龜鑑*)'이다. '귀감'은 '거울로 삼아 본받을 만한 모범'을 가리키는 말이다. 거북의 등딱지로 길흉을 점치고, 거울로 자신의 모습을 비추는 데서 '본받을 만한 모범'이라는 뜻이 생겼다. 따

---

* 거북 귀, 거울 감

라서 귀감은 좋은 것, 본받을 만한 것과 궁합이 맞는다. 글머리에 인용한 문장은 "일하지 않는 나라에는 미래가 없다는 이탈리아의 노동 개혁을 귀감으로 삼았으면 한다"라고 했더라면 그야말로 글쓰기의 귀감이 되었을 것이다. '귀감이 되다/귀감으로 삼다/귀감이 되다'처럼 쓰며, '귀감' 대신 '본(本)보기'를 써도 무방하다. 다만 '귀감을 보이다'처럼 쓰지는 않는다.

이처럼 남의 잘못이나 하찮은 점에서 자신에게 도움이 되는 것을 얻음을 뜻할 때는 '타산지석'을, 남의 훌륭한 점에서 자신에게 도움이 되는 것을 얻음을 뜻할 때는 '귀감, 본보기'를 쓴다. 한편 '타산지석'과 바꿔 쓸 만한 말로는 '사람이나 사물 따위의 부정적인 면에서 얻는 깨달음이나 가르침을 주는 대상을 이르는 말'인 '반면교사(反面教師*)'가 있다.

㉮ 홍콩 영화가 정체성을 찾기 힘들어지면서 한 가지 장르로 계속 가다 **사양길을 걸었던 전례를 타산지석으로 삼아야** 한다. ◎

㉯ 연금 개혁 지체 등으로 **구제금융을 받은 그리스를 타산지석으로 삼아야** 한다는 경고가 나오는 이유다. ◎

---

* 돌이킬 반, 낯 면, 가르칠 교, 스승 사

ⓓ 2017년부터 선수 생활을 시작한 그는 매 순간 경기력을 향상시키기 위한 끊임없는 훈련으로 후배 선수들에게 **귀감이 되고** 있다. ◎

ⓡ 프랑스가 국내총생산(GDP)의 5퍼센트가량을 투입해 **1.8명대 출산율을 회복한 것은 우리에게 타산지석이 아닐 수 없다. ✖**

# 수입 + 산

産 낳을 산

요즘은 식품이든 공산품이든 그걸 생산한 곳을 반드시 표시해야 한다. 이른바 원산지 표시다. 식품은 더욱 까다로워서 동네의 작고 허름한 식당에서조차 '밀가루 미국산' '고춧가루 중국산'처럼 일일이 표기해야 한다. '미국산, 중국산'이라고 할 때의 '–산(産)'은 '거기에서 또는 그때에 산출된 물건의 뜻을 더하는 접미사'이다. '거기'는 지리상의 공간을 뜻한다. '미국, 중국'이라는 나라 이름이 여기에 해당한다. '그때'는 특정한 때를 뜻한다. 예컨대 '2022년산 쌀'처럼 쓴다.

그런데 가끔은 구체적인 지명 대신 '수입산'이라고 표기하곤 한다. 이는 '수입'이라는 곳에서 산출했다는 뜻이 된다. '수입'은 행위이지 지명이 아니다. 따라서 접미사 '–산'을 붙일 대상이 아니다. '수입'은 다른 나라에서 물품 따위를 들여오는 것이다. 그러니 다른 나라에 해당하는 말 '외국'에 '–산'을 붙여 '외국산'이라고 하여야 한다. 굳이 '수입'을 쓰려면 '수입품'이라고 할 수 있다. 또는 품명을 밝혀 '수입 쇠고기/호주산 쇠고기'처럼 쓴다.

　이 '–산'은 나라 이름에만 붙는 것은 아니다. 우리나라로 치자면 도 단위, 시군 단위, 읍면 단위 지명에도 얼마든지 붙일 수 있다. '강원산/제주산/서울산/속초산/여주산'처럼. '자연'은 지명은 아니지만 공간의 개념이므로 '자연산'처럼 쓸 수 있다. '수입산'과 대비하여 쓰는 '국내산'도 '국내(國內)'가 공간 개념이므로 문제없다. '국내산'은 '국산'이라는 더욱 간결한 말로 바꿔 쓸 수 있다.

　'–산' 대신 쓸 수 있는 말로 역시 접미사인 '–제(製*)'가 있다. '미국제/독일제/프랑스제'처럼 쓰는데 통상 나라 이름과 어울려 쓰인다. '강원산, 캘리포니아산'이라고는 해도 '강원제, 캘리포니아제'라고는 하지 않는다.

　'–산'은 물건이 산출된 곳만을 뜻하지는 않는다. 사람이 태어난 곳, 즉 출생지를 나타낼 때도 쓸 수 있다. '대

---

* 지을 제

구산'이라고 하면 대구에서 태어났음을 뜻한다. 그런데 웬일인지 표준국어대사전은 이 뜻풀이를 싣지 않았다. 예전의 사전에서는 이 용법을 다 싣고 있으며 오래지 않은 과거에 신문 등에서 특정인의 약력 등을 소개할 때면 흔히 사용했다. 사람에게는 '수원 출생/부산 출생'처럼 '출생'을 많이 쓰는 것이 요즘 추세이긴 하지만 '-산'도 사람이 태어난 곳을 나타낼 때 쓴다는 것을 밝혀 둘 필요가 있다.

㉮ 비타민B1, B2, B6는 **독일산**, 비타민C는 **영국산**, 비타민D, 엽산, 비오틴은 **스위스산**, 비타민E는 **프랑스산**, 아연은 **미국산을** 사용했다. ◎

㉯ 2023년 우크라이나는 **미국제** 에이브럼스, **독일제** 레오파르트2, **영국제** 챌린저2 등 서방 주요국의 주력 탱크들을 지원받아 대반격에 나섰다. ◎

㉰ 저렴한 **수입산**✖ 돼지고기가 대거 들어오면서 평범한 **국내산**◎ 돼지고기는 가격 경쟁력도 떨어졌다.

# 납북 + 자

拉 끌 랍  北 북녘 북

어느 설문 조사에서 상당수 고등학생이 6·25전쟁을 남침이 아닌 북침으로 답했다고 해서 논란이 인 적이 있다. 일부 학생이 북측이 침략한 것이므로 북침이라고 한 것이다. '남쪽으로' '북쪽으로'로 방향을 나타내는 말 '남'과 '북'을 '남쪽이' '북쪽이'라는 주체의 뜻으로 인식한 탓이다. 어이없는 일이기는 하지만 한자 지식이 부족한 청소년들이 오해할 소지는 얼마간 있을 듯했다. 그런데 이보다 더한 사례가 있다.

전쟁과 뒤이은 휴전으로 말미암아 두 동강 난 채 오랜 세월이 흐른 이 땅에는 이산가족의 문제가 상존한다. 전쟁 통에 헤어진 가족도 있고 전후에 헤어지게 된 가족도 있다. 전쟁 통에는 가족이 북으로 끌려가거나 피란하던 중에 생이별했다. 전후에는 동해 서해에서 생업을 이어 가던 상당수 어민이 조업 중 북으로 끌려가기도 하고 국외에서 이런저런 방법으로 끌려가기도 했다.

이처럼 북으로 끌려간 이들을 흔히 '납북자'라고 부른다. 전쟁 중에 끌려간 사람들의 가족들이 결성한 단체로 '6·25전쟁납북인사가족협의회'가 있고, 전후에 끌려간 사람들의 가족들이 결성한 단체로 '납북자가족모임' '전후납북자피해가족연합회' 등이 있다. 국가에서는 '국립6·25전쟁납북자기념관'을 세우기도 했다. 이런 기관과 단체의 이름, 제대로 된 걸까?

'납북(拉北)'은 '북한으로 납치해 감'을 뜻하는 말이다. 그래서 '북한으로 끌려가다'라는 뜻을 나타낼 때는 누구나 '납북하다'가 아니라 '납북되다'라고 피동형으로 말한다. 능동형인 '납북하다'는 '북한으로 납치해 가다'를 뜻하기 때문이다. 피동형인 '납북되다'는 당연히 '북한으로 납치되어 가다'를 뜻한다. 남쪽에 사는 우리의 기준으로 볼 때 '납북하는' 것은 범죄 행위이며 '납북되면' 범죄 피해를 보는 것이다. 따라서 '납북자'는 납북이라는 행위를 한 범죄자를 지칭하는 말이다.

'기념'이라는 말이 좋은 일, 나쁜 일 가리지 않고 쓸 수 있는 말이기는 하지만 왜 하필이면 자국민을 납치한 '범죄자'를 기념하겠다는 건가. 범죄 피해를 본 가족들이 단체를 설립하면서 자신들의 가족이 범죄자인 듯이 오해하게 만드는 말로 단체 이름을 정한 것 또한 안타깝기 그지없다. 국립6·25전쟁납북자기념관 누리집의 기념관 소개 글의 첫 문장에서 "국립6·25전쟁납북자기념관은 납북자 및 그 가족들의 명예회복과 더불어 국민들과 함께 전쟁과 분단의 아픔을 되새기고 평화 통일의 의지를 다지기 위한 공간입니다"라고 했지만 기념관의 명칭이 납북된 이들의 명예를 훼손한 격이다.

'납북' 범죄를 저지른 사람은 '납북자'로 일컫고, 그런 범죄 행위를 당한 사람은 당연히 '납북 피해자'라고 불러야 한다. 그 가족은 물론 '납북 피해자 가족'이어야 한다. 단체 이름 중에 '납북자 피해 가족'이라고 표현한 것은 무슨 의미인지 와 닿지 않는다. 이 또한 '납북 피해자 가족'이라고 해야 마땅하겠다. 이 땅에서 '납북'은 '피해'를 뜻하는 말과 함께 쓰일 수밖에 없는 것이다. 주체가 북한임이 드러나는 상황에서는 '피랍(被*拉)'이라고도 할 수 있겠다.

---

*입을 피

㉮ 하야시 요시마사 일본 관방장관은 **납북 피해자** 납치 현장을 시찰하고 피해자들의 조기 귀국을 위해 노력하겠다고 강조했다. ◎

㉯ 일본 정부가 북한에 의한 일본인 **납치 피해자** 문제에 대한 관심을 높이기 위해 내달 12일 도쿄에서 심포지엄을 개최하기로 했다고 밝혔다. ◎

㉰ 통일부가 **납북자**·억류자·국군포로의 귀환을 바라는 염원을 담은 상징물을 공개했다. ✕

㉰의 '억류자'도 '납북자'와 마찬가지로 '피억류자' '억류 피해자'라고 해야 바른 표현이 된다.

대한민국의 법률 가운데는 「6·25전쟁 납북피해 진상규명 및 납북피해자 명예회복에 관한 법률」도 있다. '납북피해' '납북피해자'라고 제대로 표현하였다. 그런데 이 법의 공식 약칭은 '6·25납북자법'이다. 법의 이름과 약칭이 따로 논다.

18개 조와 부칙을 들여다보면 어이없을 따름이다. '납북'과 '납북 피해'가 수십 번 오락가락하기 때문이다. 목적을 밝힌 제1조에서는 '이 법은 6·25전쟁 중 발생한 납북사건들의 진상과 납북자 및 납북자가족들의 피해를 규명하고……'라고 하였다. 제2조에서는 '……대한민국 국민으로서 6·25전쟁 중 본인의 의사에 반하여 북한에 의하여 강제로 납북되어 북한에 억류 또는 거주하게 된 자를 말한다'라고 '전시납북자'를 정의하였다. 제4조에서는 '① 6·25전쟁 납북사건의 진상을 규명하고 이 법에 따른 전시납북자와 전시납북자가족의 심사·결정 및 명예회복에 관한 사항을 심의·의결하기 위하여 국무총리 소속으로 6·25전쟁 납북피해 진상규명 및 납북피해자 명예회복위원회를 둔다'라고 규정하였다.

이처럼 '납북'과 '납북 피해'를 뒤섞어 놓은 건 「군사정전에 관한 협정 체결 이후 납북피해자의 보상 및 지원에 관한 법률」도 마찬가지다.

법률이 이 모양이니 관련 기관과 단체는 물론이고 온 국민이 잘못 알고 쓰는 것이 당연하지 싶다. 국회, 통일부, 법제처 등에서는 이 문제를 제대로 인지하고 한시바삐 법 개정에 나서기 바란다.

# 갑부 + 순위

甲 첫째갈 갑  富 부유할 부

미국의 경제 전문지 『포브스』는 해마다 3월이면 세계에서 내로라하는 부자들의 순위를 발표한다. 2024년 3월 『포브스』가 발표한 순위에 따르면 1위는 세계적인 명품 기업 LVMH의 회장 겸 CEO인 베르나르 아르노이다. 한국인은 이재용 삼성전자 회장, 김병주 MBK파트너스 회장, 서정진 셀트리온 명예회장 등의 순으로 이름을 올렸다. 부자들을 이르는 말에도 인플레이션이 있는지 예전엔 이런 사람들을 백만장자라고 했는데 천만장자를 거쳐 이젠 억만장자라고 한다.

이들처럼 어마어마한 재산을 가진 사람들을 '갑부(甲富)'라고 부르기도 한다. 또 주변에 재산이 매우 많은 사람이 있으면 그 사람을 '갑부'라고 하기도 하고, 그런 사람이 둘 이상일 때 '갑부들'이라고 하기도 한다. '갑부'를 보통 이상으로 재산이 많은 사람을 칭하는 말로 쓰는 것이다.

'갑'은 '차례나 등급을 매길 때 첫째를 이르는 말'이다. 갑, 을, 병, 정, 무, 기, 경, 신, 임, 계의 순서로 나가는 천간 가운데서 첫 번째이다. 요즘 간간이 사회문제가 되는 '갑질'이라고 할 때의 바로 그 '갑'이다.

이처럼 '갑'이 '첫째'를 가리키므로 '갑부'도 당연히 '첫째가는 부자'를 가리킨다. 첫째가는 부자가 둘일 수는 없다. 또 보통 이상으로 재산이 많은 사람 모두가 첫째가는 부자인 것은 아니다. 첫째가는 부자, 즉 '갑부'는 딱 한 사람이다. 그러니 '갑부들'이라거나 '갑부 순위'라고 하는 것은 틀린 표현이다. 또 '최고 갑부' '1위의 갑부' 같은 말도 쓸데없는 수식어를 붙인 것이다.

'세계의 갑부/한국의 갑부'처럼 범위를 한정하여 쓸 수는 있다. '세계의 갑부 베르나르 아르노 회장' '한국의 갑부 이재용 회장'처럼 말이다. 그 범위는 '우리 동네 갑부'처럼 정하기 나름이다. '2023년의 갑부/2024년의 갑부/당대의 갑부'처럼 기간으로 범위를 정할 수도 있다.

세계에서든 동네에서든 부자 순위표의 맨 위에 오

른 사람만이 '갑부'라는 사실을 기억하면 '갑부들/최고 갑부/갑부 순위' 같은 틀린 표현을 피할 수 있다. 돈이 많은 사람, 또는 돈이 많은 여러 사람을 표현할 때는 '부자/부호'라고만 하면 충분하다. 이는 '부자 순위' '세계 최고의 부호/부자들/부호들/세계 2위의 부자'같이 표현할 수 있다.

㉮ **세계 부호 3위로는** 글로벌 전자상거래 업체 아마존의 창업자 제프 베이조스가 올랐다. ◉

㉯ 테슬라 주가가 10퍼센트 넘게 급락한 여파로 일론 머스크 테슬라 최고경영자가 '**세계 최고 갑부**' 지위에서 밀려났다. ✖

㉰ 코로나 팬데믹 이후 전 세계 **5대 갑부의** 자산은 두 배 넘게 불어난 것으로 나타났다. ✖

# 군락 + 지

群 무리 군　落 떨어질 락

같은 종류의 식물이 무리 지어 자라는 곳을 '군락지'라고들 한다. "바래봉은 우리나라 최대의 철쭉 군락지로 철쭉이 가장 아름다운 곳 가운데 하나다"라고 하는 식이다.

'군락(群落)'은 '같은 생육 조건에서 떼를 지어 자라는 식물 집단'을 이르는 말이다. '-지(地)'는 '장소'의 뜻을 더하는 접미사이다. 하지만 '군락'에는 접미사 '-지'를 붙일 수 없다. 식물이 저절로 나서 자라는 것을 '자생(自生)'이라고 한다. '자생하는 곳'을 나타낼 때는 접미사 '-지'를 붙여 '자생지'라고 한다. 어떤 식물이 사람의 손을 거치지 않고 자연에서 절로 나서 자라면 자생한다고 하며, 자생하는 그곳을 '자생지'라고 하는 것이다. 그

식물이 자생지에서 불과 몇 개체가 아니라 무리 지어 자라고 있다면 그 무리를 '군락'이라고 한다.

식물에는 '자생'이라는 말을 써야 하지만 동물에게는 '서식(棲息)'이라는 말을 써야 한다. '棲'는 '깃들이다'를, '息'은 '숨 쉬다'를 뜻하는 한자이다. 이 '서식'으로 식물이 자라는 것을 나타내기도 하는데 이는 잘못이다. '숨'은 어디까지나 '사람이나 동물이 코 또는 입으로 공기를 들이마시고 내쉬는 기운'을 뜻하므로 식물과는 관계가 없다. 그러니 '서식'을 동물이 아닌 식물이 사는 것을 뜻하는 데 써서는 안 되는 것이다. 하지만 표준국어대사전은 '서식'을 "생물 따위가 일정한 곳에 자리를 잡고 삶"이라고 두루뭉술하게 풀이했을뿐더러 "수생 식물 서식"이라는 용례를 제시하는 오류를 범하고 있다.

정리하자면 식물이 스스로 자라면 '자생하다'라고 하며, 그렇게 자생하는 곳은 '자생지'라고 한다. 식물이 자생지에서 무리를 지어 자란다면 그 무리를 '군락'이라고 한다. '군락'은 대개 '군락을 이루다' 꼴로 쓰인다. '그 산에는 얼레지 군락이 있다' '부산에서 가시연 군락이 발견됐다'처럼 쓸 수도 있다. '서식'은 동물이 자리 잡고 사는 것을 이르며 이를 식물이 자라는 것을 나타내는 데 쓰는 것은 옳지 않다. 접미사 '-지'를 붙여 '자생지/서식지'라고는 해도 '군락지'라고는 하지 않는다.

㉠ 울산 앞바다의 **해조류 군락을** 복원하는 바다숲 조성 사업이 추진된다. ◎

㉡ 용섬 전체는 대부분 바위로 구성돼 있지만 정상 부근에서는 곰솔을 비롯해 까마귀쪽나무, 억새 등이 **군락을 이루고** 동백과 돈나무, 찔레 등도 볼 수 있다. 또 한국 고유종인 해변싸리와 백운산원추리가 **자생하고**, 다양한 곤충과 조류, 상위 포식사인 구렁이가 **서식하는** 등 우리나라 토속 생태계 환경을 볼 수 있다. ◎

㉢ 덩굴옻나무는 해안 저지대 주변에 바위와 암반을 중심으로 **군락을 형성하고** 있다. ◎

㉣ 국내 전역에 **자생하는** 화살나무에서 류머티스 관절염을 예방하고 치료할 수 있는 물질이 나오는 것으로 확인됐다. ◎

㉤ 부산 동백섬과 태종대, 해남 대흥사, 서천 마량리 등도 대표적인 동백나무 **자생지이다.** ◎

㉥ 거제의 한 무인도에서 희귀식물인 덩굴옻나무 **집단**

**군락지가** 새로 발견됐습니다. **ⓧ**

㉔ **화살나무는** 우리나라 전역의 산기슭과 산중턱의 암석지에 **서식하는데**, 잎은 나물 등 식용으로 이용하기도 한다. **ⓧ**

㉕ 이 사업지가 **대흥란 서식지라는** 것이 환경영향평가 협의 과정에서 확인됐다. **ⓧ**

# 아기 곰 + 탄생

誕 탄생할 탄   生 날 생

'탄생'은 '사람이 태어남'을 뜻하는 말이다. 원래는 사람 중에서도 귀인, 성인, 왕족 등이 태이남을 이르던 말이다. 민주주의 시대를 맞아 대중화되었다고 할 만하다. 지체 높은 사람, 위대한 사람이 태어난 것에 한정하여 쓰이다가 이젠 보통 사람이 태어난 것까지 아우르는 말이 되었다.

예전에는 '공자의 탄생/왕자의 탄생/충무공의 탄생'처럼 '출생'의 높임말로 썼다. 그러던 것이 요즘은 "아드님의 탄생을 축하합니다"처럼 보통 사람의 득남 득녀를 축하할 때뿐만 아니라 표준국어대사전에서 "아들의 탄생을 지켜보다"라는 용례를 제시할 정도로 제 피붙이의 출생까지도 탄생이라고 일컫기에 이르렀다. 시대의 변화에 맞춰 뜻이 확장된 사례라고 하겠다.

그런데 이 '탄생'을 동물에게까지 쓰는 사례도 가끔 보인다. 예컨대 '암송아지 세쌍둥이가 탄생했다' '새끼 노루 6마리가 잇따라 탄생했다'라는 식의 표현이다. 식용 동물을 사육할 때도 동물 복지에 신경 쓸 만큼 동물권을 중시하는 세상이 되었다고는 하지만 아직 높임말의 명맥이 남아 있는 말을 동물에게 쓰는 것은 듣는 이를 불편하게 할 수 있다. 그야말로 과유불급이다. 사람에게나 동물에게나 두루 통할 수 있는 '출생'이면 충분하다.

'탄생'을 누구에게나 두루 쓸 수 있게 됐다는 점은 인정하지만 경어법이 발달한 우리말에서 존경하는 위인에게 헌정할 말의 위상이 추락한 듯하여 아쉬움이 남는다.

'탄생'이라는 말이 생명이 생긴다는 뜻에서부터 '조직, 제도, 사업체 따위가 새로 생김'이라는 뜻이 파생했다는 것도 기억해 둘 필요가 있다. 예컨대 '민주주의의 탄생/문명의 탄생/영화의 탄생'처럼 쓸 수 있다. 그렇다 하더라도 단순한 '상품'이나 '물건'에까지 '탄생'을 쓰는 것은 지나쳐 보인다. 또한 앞에서 말했듯 동물에게 적용하는 데에도 무리가 있다.

㉮ 일동후디스가 최근 춘천에서 태어난 **세쌍둥이의 탄생을** 축하하며 해당 가정에 6개월간 분유를 지원한다고 밝혔다. **◎**

㉯ 한국 근대문학 작가 상허 **이태준의 탄생** 120주년을 맞아, 그가 월북하기 전에 냈던 모든 작품을 모은 전집이 출간됐다. **◎**

㉰ 바다의 산호초를 떠올리게 하는 **상고대는** 습도와 기온차로 **탄생한다. ✕**

㉱ 파나마의 아이리스 게이샤 품종의 커피와 제주 구좌당근즙, 복숭아 시럽, 액체질소가 만나 새로운 **커피가 탄생했다. ✕**

여기에서 한 가지 더 짚어 볼 게 있다. '탄생'의 뜻풀이에 쓰인 '태어나다'이다. '태어나다'는 '사람이나 동물이 형태를 갖추어 어미의 태(胎)로부터 세상에 나오다'를 뜻한다. '태'를 갖춘 동물은 포유류뿐이다. 어류, 조류, 파충류 따위의 동물은 '태'가 없으므로 그 새끼도 태어날 수 없다. 포유류 외의 동물은 대부분 '알을 낳고, 그 알에서 새끼가 부화하는' 것이다. 심지어 '식물'도 태어난다고 표현하는 실수를 저지르기도 한다. 포유류 동물 외에는 동물이든 식물이든 태어날 수 없다. 식물은 '싹/움이 트다/돋다/나다'같이 표현한다.

# 탄신 + 일

誕 탄생할 탄　辰 날 신

대한민국은 법치국가이다. 법률로써 다스려지는 나라다. 대한민국 헌법을 살펴보면 "모든 국민은 법률이 정하는 바에 의하여"라든가 "법률로 정한다"라는 문구가 수십 번 나올 정도다.

　그렇다 보니 달력에 빨갛게 표시되는 휴일도 법으로 정한다. 「공휴일에 관한 법률」이다. 이 법을 들여다보면 '기독탄신일'이 있다. 바로 성탄절이라고도 하는 크리스마스다. 이 법은 1949년 제정된 「관공서의 공휴일에 관한 건」이라는 대통령령이 그 시초다. 그 대통령령에서 12월 25일을 '기독탄생일'로 등재했다. 그러던 것이 1975년 대통령령 「관공서의 공휴일에 관한 규정」이 개정되면서 '기독탄신일'로 명칭이 바뀌었다. 1975년은 공휴일에 '석가탄신일'을 추가한 해이기도 하다. '탄생일'이 '탄신일'로 바뀐 이유가 뭘까? 당시 대통령령을 개정한 실무자가 '탄신'이 '탄생'보다 더 높이는 말이라고 생각하지 않았을까 싶다. 그런 까닭에 부처님 오신 날을 '석가탄신일'이라며 공휴일에 추가하면서 이미 있던 '기독탄생일'도 '기독탄신일'로 수정한 듯하다.

'탄신일'이라는 표현은 역시 대통령령인 「각종 기념일에 관한 규정」에도 있다. '충무공탄신일'이다. 이 대통령령은 1973년에 제정되었고 처음부터 '충무공탄신일'이 들어 있었던 듯하니 '탄신일'이라는 표현을 쓴 최초의 법규로 보인다.

'탄생'은 '사람이 태어남'을 이르는 말이다.[⇒250쪽] 그러면 '탄신'은?

'석가탄신일/기독탄신일/충무공탄신일'에서 유추할 수 있는 것은 '탄신일=탄신한 날'이다. 여기서 다시 '탄신하다=탄생하다'일 것으로 짐작할 수 있다. 과연 그럴까?

'탄신'은 '誕辰'이다. '辰'은 '진'으로도 읽고 '신'으로도 읽는다. '진'일 때는 밤하늘에 반짝반짝 빛나는 '별'을 뜻한다. '신'일 때는 '날'을, 다시 말해 '일(日)'을 뜻한다.

'생일(生日)'의 높임말이 '생신(生辰)'이다. 이때의 '辰'이 바로 '날'을 뜻하는 '日'의 높임말인 것이다. 이 '생신'보다 한 단계 더 높이는 말이 바로 '탄신'이다. '생신'이 윗사람이 태어난 날을 높여 이르는 말이라면 '탄신'은 임금이나 성인이 태어난 날을 높여 이르는 말이다. 생일–생신–탄신의 순으로 존대의 정도가 높아지는 것이라 하겠다. '탄신'과 같은 급의 말로는 '탄일(誕日)'도 있다.

그러니 '탄신일'은 '탄신'에 군더더기로 '일'을 덧붙인 겹말일 뿐이다. '탄신일'은 '탄신/탄일/탄생일'이라고 하여야 마땅하다.

법규에서 '탄신일'이라고 하여 '탄신=탄생'이라는 오해의 소지를 제공하는 바람에 실제로 '탄생하다'라고 하여야 할 자리에 '탄신하다'를 쓰기도 한다. '부처님께서 탄신하셨다' '예수께서 탄신하셨다'처럼. 이는 '생일하다'라고 하는 표현과 다를 바 없다.

또 '탄신 ○○주년'도 '탄생 ○○주년'이라고 하여야 한다. '주년'은 어떤 사건이 일어난 후 그날이 돌아오는 횟수를 나타내는 말이기 때문이다.[⇒147쪽] '생일 30주년'이 아니라 '출생 30주년'이어야 한다는 말이다.

㉮ 1965년 겨레의 위대한 스승이신 **세종대왕이 탄생하신** 날을 스승의 날로 정하고 기념하게 됐다. ◉

㉯ 도산 **안창호의 탄생일을** 맞아 '안창호체'가 무료 폰트로 공개된다. ◉

㉰ 천태종이 제2대 종정 대충 대종사 **탄신 98주년을** 맞아 총본산 구인사에서 기념 대법회를 봉행했다. ✕

㉱ 지난해는 실학의 비조 반계 **유형원 선생이 탄신하신** 지 400주년이 되는 해였다. ✕

㉲ 세종시는 제626돌을 맞이한 **세종대왕 탄신일을** 기념하는 행사를 개최했다고 밝혔다. ✕


공휴일 규정에서 '석가탄신일'은 불교계의 희망에 따라 2017년 '부처님 오신 날'로 바뀌었다. 하지만 '기독탄신일'과 '충무공탄신일'은 그대로 유지되고 있다. 한편 표준국어대사전에는 '임금의 탄신일, 정월 초하루, 동지의 세 명절'이라는 '삼명일'의 뜻풀이, '탄신하실 때의 여러 신이한 조짐에 비해 실망스러울 만큼 평온한 땅이요 하늘이었다'처럼 '탄신하다' 꼴의 동사로 쓰인 용례가 다수 보인다. 모두 잘못이다.

# 생선 + 잡다

生 날 생  鮮 물고기 선

유명 작가의 장편소설에 이런 대목이 있다.

주낙을 써서 홍어, 간재미를 잡았고 멸치나 조기처럼 떼를 지어 몰려가는 생선을 몰아서 건질 줄 알았다.

'멸치나 조기처럼 떼를 지어 몰려가는 생선'이라고 한 것으로 보아 이 생선들이 무리 지어 헤엄치고 있는 곳은 바다가 틀림없다. 그렇다면 생선이 바다에서 헤엄치고 다닐 수 있을까? 답은 '아니요'다.

표준국어대사전은 '생선'을 '먹기 위해 잡은 신선한 물고기'로 풀이하였다. 다른 사전도 비슷하게 풀이하였으나 훈민정음 국어사전은 '바다에서 잡아서 햇볕에 말리거나 소금에 절이지 않은, 비교적 싱싱한 식용(食用) 대상의 물고기'라고 하였다. 어쨌든 '잡은 물고기'가 생선이다. 물 밖으로 건져 올린 상태에서 살아 있든, 죽었든 상관없이 말리거나 절이지 않은 신선한 물고기가 생선이다. 물에서 헤엄치며 돌아다니는 어류는 '생선'이 아니라 '고기'요 '물고기'이다. 낚시를 하든 그물질을 하든 식용하기 위해 물 밖으로 잡아 올려야 비로소 '생선'이 된다. 그걸 말리면 건어/건어물이 되고, 소금 따위를 듬뿍 넣고 절여서 삭히면 젓갈이 된다.

다시 말하면 '잡은 생선'이라고는 해도 생선을 낚시하거나 잡는다고는 하지 않는다.

또 '광어는 가자미목 넙칫과 생선으로, 넙치라고도 불린다'처럼 분류학의 계통을 들어 말할 때도 '생선'이 아니라 '물고기/바닷물고기/민물고기'라고 한다.

㉠ 김숙은 5분 만에 또 **물고기를 잡아 올리며** 낚시 천재의 면모를 드러냈다. 이어 직접 **잡은 생선으로** 만든 요리를 먹기 위해 식당으로 향했다. ◉

㉡ 사람들은 두껍게 얼어붙은 얼음을 깨고 전통적인

얼음 낚시를 해서 **생선을 잡는다. ❌**

㉯ 곰이 새끼에게 **생선을 잡는** 법을 알려주듯이, 담담히 나를 지켜봐 줄 뿐이었다. ❌

㉰ **잡기가 매우 어려운 생선**이고 거의 **잡히지 않는 귀한 생선**이다. ❌

㉱ **생선을 잡을** 생각에 낚시 도구를 챙겨 개울로 나섰다. ❌

㉲ 물가자미는 가자밋과 **생선으로**, 광어와 비슷하게 생겼고 크기가 작다. ❌

# 체면 + 불구

不 아닐 불  拘 잡을 구

"며칠씩 변기가 고장이니 체면불구하고 다른 주재원들 집으로 드나들어야 하니 어이없고 기막힐 뿐이었다."

유명 작가의 장편소설에 나오는 문장이다. 이 예문처럼 흔히 염치나 체면 따위는 생각지도 않고 어떤 일을 밀어붙이거나 생각할 겨를조차 없을 때 '염치 불구하고' '체면 불구하고'라고 말한다. '불구(不拘)'는 '얽매여 거리끼지 아니하다'를 뜻하는 말이다. 언뜻 보기에는 별 문제가 없을 듯하나 이 말은 '-에도 불구하고/-음에도 불구하고/-ㄴ데도 불구하고/-는데도 불구하고' 꼴로 쓰인다. 조사 '에'나 어미 '-ㄴ데/-는데/-은데'에 보조사 '도'가 붙어 '불구하고'와 함께 쓰이는 것이다. '몸살에도 불구하고 출근한다'라든지, '희망이 없음에도 불구하고 안

간힘을 쓴다'라든지, '무척 추운데도 불구하고 길을 나섰다'처럼 쓴다. 이처럼 '……불구하고'는 앞의 행위나 상태의 결과가 예상과 다르게 나타날 때 쓰는 표현이다.

예문의 '체면'이나 '염치' 등은 '돌아보지 아니함'의 뜻이 있는 '불고(不顧)'와 어울리는 말이다. '체면(을) 불고하다' '염치(를) 불고하다'처럼 쓴다. 예문에서처럼 난처한 상황에 맞닥뜨려 체면이든 염치든 세우고/차리고/지킬 여유조차 없는 형편이 되어 어쩔 수 없이 어떤 행동을 하게 될 때 '체면 불고하고/염치 불고하고'처럼 표현한다. 체면·염치와 불고가 짝을 이뤄 '불고체면/불고염치'라는 낱말로서 국어사전 표제어에 올라 있기도 하다.

㉠  지역 예산을 한 푼이라도 더 타내기 위해서 의원들이 **염치 불고, 체면 불고하면서** 움직인다는 거죠. ⭕

㉡  이대로 죽어도 눈을 못 감을 것 같아 '노욕 아니냐' 등의 질타에도 **염치 불구하고** 나섰다. ❌

'불구하고'는 대부분 생략하여도 문제없다. '불구하고'와 어울려 쓰이는 '–에도/–데도/–ㄴ데도/–는데도/

−은데도'에 이미 그 뜻이 들어 있기 때문이다. '불구하고'
를 생략하면 문장이 더 간결해진다.

# 행복 + 하세요

幸 다행 행  福 복 복

어른을 찾아뵙고 헤어질 때면 '건강하세요'라고 인사한
다. 아랫사람이나 친구에게는 '건강하여라'라고 한다.
또 신혼부부에게는 '행복(幸福)하세요' '행복하여라'라
는 덕담을 건네기도 한다.

이런 표현들은 명령형의 범주에 든다. '–(으)세요/
–여라'가 명령을 나타내는 어미이기 때문이다. 명령을
나타내는 어미, 다시 말해 명령형 어미는 동사의 어간에
붙는다. 예로 든 '건강하다'나 '행복하다'는 움직임을 나
타내는 동사가 아니라 상태를 나타내는 형용사이다. 그
런데 상태는 명령할 수 없는 법이다.

건강하고 행복한 상태에 있으라는 뜻을 나타내려
면 '건강하기 바랍니다'라든지, '건강하게 지내세요' '행

복하기 바랍니다' '행복하게 사세요'처럼 기원하는 뜻으로 표현해야 한다.

역시 형용사인 '신중하다'도 이런 유의 잘못을 자주 범하는 말이다. 고유어인 '조용하다'도 마찬가지. '신중하여라'가 아니라 '신중히 하여라'같이 표현해야 한다. '조용하라'도 '조용히 하여라'나 '조용히 있어라'라고 해야 한다.

무언가를 함께 하자고 제안하는 표현, 즉 청유법에서도 똑같은 잘못을 범하곤 한다.

여럿이서 앞으로 아프지 않고 잘 지내자고 할 때 하는 '건강하자'나 '건강합시다' 같은 표현 역시 잘못이란 얘기다. '건강하게 지내자/건강하게 지냅시다/건강하게 삽시다'처럼 표현해야 한다. '행복하자'가 아니라 '행복하게 살자', '신중합시다'가 아니라 '신중히 행동합시다', '조용하자'가 아니라 '조용히 있자'처럼 표현해야 바른 어법이 된다.

동사와 형용사는 둘 다 문장에서 서술어의 기능을 하는 용언이어서 자칫 형용사를 동사로 착각하기 쉽다. '건강하다/행복하다/신중하다' 같은 형용사를 동사로 오해하여 명령형이나 청유형으로 쓰곤 하는 것이다. 명령형이나 청유형으로 활용하려면 먼저 그 낱말이 동사인지 형용사인지를 따져 보아야 한다.

㉮ 그가 회복하는 것에 전념하고 **건강했으면 좋겠다. ◉**

㉯ 너무 신경 쓰지 말고, 몸 **건강해라. ✖**

3장
대충 알면 끝까지
헷갈리는 궁합

# 결단/절단 + 나다

決 결정할 결 / 切 끊을 절 斷 끊을 단


'결단(決斷)'은 '결정적인 판단을 하거나 단정을 내림. 또는 그런 판단이나 단정'을 나타내는 말이다. '결단하다' '결단(을) 내리다'처럼 쓴다. 이 '결단'은 [결딴]으로 발음한다. 발음이 [결딴]이어서 고유어 '결딴'을 써야 할 자리에 잘못 쓰는 일이 많다.

'결딴'은 '어떤 일이나 물건 따위가 아주 망가져서 도무지 손을 쓸 수 없게 된 상태' 또는 '살림이 망하여 거덜 난 상태'를 뜻한다. 그런 상태가 되는 것은 '결딴나다'라고 하며, 그런 상태가 되게 만드는 것은 '결딴내다'라고 한다. 이를 '결단나다'나 '결단내다'라고 해서는 안 된다.

그런가 하면 '결딴'을 '절단'이나 '절딴'이라고 하기도 한다. '절단(切斷)'이 '자르거나 베어서 끊음'을 뜻하다 보니 '결딴'의 뜻과 헷갈리기 때문인 듯하다. 발음도 [절딴]이어서 더더욱 헷갈릴 만하다. 하지만 끊는다는 뜻으로만 '절단'을 써야 하며 '절딴'은 아예 국어사전에 없는 말이다.

　판단하고 단정할 때는 '결단'이라 하며, 망가지고 거덜 나고 뽕빠질 때는 '결딴'이라 하고, 끊을 때는 '절단'이라 한다는 것을 기억해야 한다. '결단 내리다'는 구이므로 띄어 쓰고, '결단하다'는 물론 '결딴나다'와 '결딴내다'는 한 낱말이므로 붙여 쓴다. '결단'의 파생어인 '결단코'도 '결딴코'로 써서는 안 된다.


㉮　그는 병립형 비례대표제로의 퇴행을 막는 유의미한 **결단을 내려** 달라고 호소했다. ◉

㉯　이 모 씨는 "이게 웬일인가 싶고 **절단났다** 싶었다"라고 지진 당시를 떠올렸다. ✖

㉰　룰라가 어렵게 재집권했지만 바로 전의 우파 대통령 집권기에 나라가 **결단났다**. ✖

㉱　최대 교역 시장인 중국을 배제해 우리 무역의 절반을 **결단내는** 셈이다. ✖

# 절대절명/절체절명 + 마음

絶 끊을 절  對 대할 대 / 體 몸 체  命 목숨 명

㉮ 변화의 선봉에 서서 민생을 살피고 대한민국이 추락하지 않게 하려는 **절대절명의 마음**으로 출마했다.

㉯ 총선 승리라는 **절대절명의 목표**를 달성하기 위해선 모두가 함께해야 한다고 생각한다.

㉰ 이번 총선은 시대적 난제를 해결할 수 있는 새로운 리더를 뽑는 **절대절명의 기회**가 되어야 한다.

㉱ 전라남도는 인구 감소를 넘어 지역 소멸이라는 **절대절명의 위기**에 처해 있다.

이 네 문장에는 '절대절명'이란 표현이 공통으로 들어 있다. 그런데 '절대절명의 마음/목표/기회/위기'는 어떤 마음/목표/기회/위기일까? '절대절명'은 '절대'와 '절명'을

합친 구성이다. '절대'는 '絶對'일 것이다. '절명'은 '絶命'일 테고. '절대'는 '절대 자유' '절대 권력'처럼 쓰여 아무런 조건이나 제약이 붙지 않거나 비교되거나 맞설 만한 것이 없음을 뜻한다. '절명'은 글자 그대로 목숨이 끊어진다는 뜻이다.

문제의 '절대절명'이 문장 ㉮에서는 '절박함'을, ㉯에서는 '절박함' 또는 '중대함'을, ㉰에서는 '소중함'을, ㉱에서는 '절박함' 또는 '급박함'을 뜻하는 것으로 보인다. 그 어느 것이든 '절대'나 '절명'과 맞바꿔 쓸 만한 뜻이 아니다. 이 문장들에 쓰인 '절대절명의 마음/목표/기회/위기'는 '절박한 마음' '중대한 목표' '소중한 기회' '급박한 위기'처럼 나타내고자 하는 바대로 쓰면 될 일이다.

문장 ㉱는 언뜻 제대로 쓴 것처럼 느껴지기도 하는데 그 바람에 많은 사람이 '절대절명'을 '위기' 같은 말과 함께 씀으로써 아주 절박하고 급박하다는 뜻을 나타내곤 한다. 하지만 앞에서 살펴본 것처럼 '절대'에는 '절명'과 어울려 나타낼 수 있는 뜻이 없다. 아무런 조건이나 제약이 붙지 않은 절명도, 맞설 만한 것이 없는 절명도 의미상 호응할 수 없는 관계이기 때문이다.

이때의 '절대절명'은 '절체절명(絶體絶命)'의 잘못이다. '절체절명'은 몸이 끊어진다는 뜻의 '절체'와 목숨이 끊어진다는 뜻의 '절명'이 합쳐진 말이다. 표준국어대사전에서는 '몸도 목숨도 다 되었다는 뜻으로, 어찌할 수 없는 절박한 경우를 비유적으로 이르는 말'이라고 풀이했다. 모든 것을 다 그르쳐서 그야말로 목숨까지 위협받을 지경이 됐을 때 쓰는 표현이다. '절명'은 '절대'가 아닌 '절체'와 함께 사자성어를 이룬다. '절체절명'은 뜻풀이에서 짐작할 수 있듯이 '위기'와 관련된 말이나 '때, 상황' 등을 나타내는 말과 어울린다.

㉤ 윤석열 대통령은 반드시 국정 운영 지지율을 올려야 하는 **절체절명의 위기** 국면에 서 있다. ◎

㉥ 하정우는 **절체절명의 순간**, 모두를 위한 선택을 해야 하는 책임감과 복합적인 심리를 가진 캐릭터를 그려 낼 예정이다. ◎

㉦ 이재성은 시즌 막판 강등 위기에 놓인 팀을 **절체절명의 상황에서** 구해 내며 마인츠의 영웅으로 올라섰다. ◎

# 파장/파문 + 일으키다

波 물결 파　長 길 장 / 紋 무늬 문


풍당풍당 돌을 던지자 누나 몰래 돌을 던지자
냇물아 퍼져라 널리 널리 퍼져라
건너편에 앉아서 나물을 씻는
우리 누나 손등을 간질여 주어라


아주 오래전인 1927년 일제 강점기에 발표되었지만 요
즘 젊은이들도 다 아는, 홍난파 작곡, 윤석중 작사의 동
요「퐁당퐁당」이다. 유유히 흐르는 냇물은 연못의 물처
럼 잔잔하다. 그 냇물에 돌을 던지면 물결이 생긴다. 그
물결이 건너편에 앉아서 나물을 씻는 누나의 손등을 간
질이기를 바라는 동생의 장난을 아주 잘 묘사한 노랫말
이다.

괴어 있는 물이나 흐르더라도 아주 천천히 흐르는 물에 무언가를 던질 때 동심원의 물결이 퍼진다. 이처럼 물결이 생기는 현상을 '물결이 일다'라고 표현한다. 이렇게 이는 '물결'을 한자어로는 '파문(波紋)'이라고 한다. 어떤 사건이나 사고가 사회에 영향을 끼칠 때 '파문을 일으키다' '파문이 일었다'같이 표현하곤 한다.

그런데 어떤 사건이나 사고가 사회에 영향을 끼칠 때 '파장을 일으키다/파장이 일었다'라고도 한다. 그렇다면 '파장(波長)'은 '파문'과 동의어일까?

'파장'은 물결과 물결 사이의 거리를 이르는 말이다. 고요한 물에 던진 조약돌과 주먹만 한 돌이 일으키는 동심원의 물결, 즉 파문은 그 규모가 다르다. 규모가 다른 만큼 파문이 퍼져 나가 미치는 거리도 다르다. 바로 이 물결과 물결 사이의 거리 또는 물결이 미치는 거리를 '파장'이라고 한다. 파문이 이는 규모가 크면 물결 사이의 거리도 길고 그 미치는 거리도 길게 마련이다.

사회 현상을 비유하여 표현하는 '파문'은 어떤 언행이나 사건 사고가 사회에 영향을 미치게 되는 것을, '파장'은 그 '파문'이 얼마나 오랫동안 영향을 미치게 되는지를 나타낸다. 예컨대 '파문'은 "영국 해리 왕자가 어머니 다이애나 빈의 죽음에 따른 트라우마를 극복하는 데 마약의 도움을 받았다고 발언해 파문을 일으켰다"처럼 쓰며, '파장'은 "이번 논란이 한일 관계에 악재이긴 하지만 그 파장이 길게 가지는 않을 것이다"처럼 쓴다.

따라서 '파문'은 '생기다/일다/일으키다' 같은 말과 어울리며, '파장'은 '길다/짧다/오래가다' 같은 말과 어울리게 된다. '파장'을 '생기다/일다/일으키다' 같은 말과 함께 쓰는 것은 바람직하지 않다. 다만 표준국어대사전에서는 '파장'을 "충격적인 일이 끼치는 영향 또는 그 영향이 미치는 정도나 동안을 비유적으로 이르는 말"이라고 풀이하면서도 "신문 기사의 파장은 매우 컸다" "이번 사건은 사회적·경제적·정치적으로 엄청난 파장을 몰고 왔다" "그의 발언은 정가에 미묘한 파장을 불러일으켰다"를 용례로 제시하고 있다. 수정이 필요한 부분이 아닐 수 없다.

㉮ 이전에도 살라의 사우디 이적설이 뜬 적이 있으나 살라의 에이전트가 부인하며 그 **파장이 오래가진** 않았다. ⭕

㉯ 미국에선 2020년 대선 당시 조 바이든 민주당 후보

가 유세 중 주(州)를 잘못 말하는 가짜 영상이 유포 돼 **파문을 일으켰다.** ◎

㉺ 몰디브 차관 3명이 나렌드라 모디 인도 총리를 온 라인상에서 조롱해 **파문이 일었다.** ◎

㉻ 잔잔한 호숫가에 **파장을 일으키는** 돌멩이처럼 의문 을 던지며 영화는 시작된다. ✖

㉼ 카타르 월드컵 기간에 호날두가 한 방송에서 던진 발언이 공개되자 큰 **파장이 일었다.** ✖

# 임대료/임차료 + 내다

賃 빌릴 임 貸 빌릴 대 / 借 빌릴 차 料 되질할 료

"시는 농기계 임대료 카드 납부 시스템을 운영한다고 밝혔다. 기존 농기계 임대료는 임대인에게 납부 고지서를 발급한 뒤 납부하는 시스템으로 행정 처리 절차가 많고 농업인의 불편이 가중돼 왔다."

지방의 한 도시에서 농기계를 빌려주고 빌린 사람이 빌린 대가로 돈을 낼 때의 불편을 덜며 행정 처리 절차도 간편하게 한다는 내용의 기사 가운데 일부분이다. 기사의 내용으로 보건대 시는 농민에게 농기계를 빌려주고 그 농민에게서 '임대료'를 받는 모양이다. 이 기사에 따르면 농기계를 빌려준 쪽이 그 빌려준 대가를 치러야 한다. 농기계를 빌려줌으로써 발생하는 이득에 매기는 세금도 아닌데 말이다.

이렇게 말할 수밖에 없는 것은 바로 '임대료, 임대인'이라는 말 때문이다. '임대(賃貸)'는 '돈을 받고 자기의 물건을 남에게 빌려줌'을 뜻한다. '임대하고 그 대가로 받는 돈'은 임대료라 하고, '임대한 사람'은 임대인이라고 한다. 따라서 임대인에게 임대료를 내라고 고지서를 발급하여 납부하게 하는 일은 불가하다. 임대인은 '돈을 받고' 빌려주는 사람이기 때문이다.

그럼 이 기사에 나오는 '임대료'와 '임대인'은 뭐라고 하여야 할까. 답은 '임차료'와 '임차인'이다. '임차(賃借)'는 '돈을 내고 남의 물건을 빌려 씀'을 뜻하는 말이다. 그러니까 시에서 빌려준 농기계를 사용하는 대가로 돈을 내야 하는데 그 돈이 '임차료'이고 그 임차료를 내야 하는 사람은 빌려 쓴 사람, 즉 '임차인'이 된다.

같은 물건이라도 빌려주는 사람으로서는 그 물건을 임대하는 것이고, 빌리는 사람으로서는 임차하는 것이다. 빌리고 빌려주는 대가로 주고받는 돈을 두고도 빌리는 사람은 '임차료'라 하며, 빌려주는 사람은 '임대료'라고 해야 바른 표현이 된다. 임대와 임차를 뭉뚱그려 말할 때는 '임대차'라고 한다.

따라서 '임대료'는 '납부하다/내다' 따위와는 어울

릴 수 없다. '받다/거두다/수납하다' 같은 말과 함께 써야한다. 반대로 '임차료'는 '납부하다/내다' 같은 말과 함께 쓴다.

㉮ 창업을 준비하는 **청년들에게** 임대주택 보증금과 **임대료를 지원하는** 사업이 추진된다. ❌

㉯ **임대인을** 구하기 위해 **임대료를** 깎아 주는 등의 대책을 내놓고 있지만 어떠한 대책도 해결책이 될 수 없다는 게 건물주들의 설명이다. ❌

# 곤욕/곤혹 + 당하다

困 괴로울 곤　辱 욕될 욕 / 惑 미혹할 혹

연휴 기간에 고속도로를 이용하던 여성이 배탈이 나는 바람에 고속도로 휴게소에 들렀다. 여자 화장실에는 이용자들이 줄을 길게 늘어선 상황. 발을 동동 구르다 다급한 나머지 남자 화장실을 이용했다. 여자가 남자 화장실을 이용하자 이를 본 남자 이용객이 경찰에 신고했다. 출동한 경찰은 해당 여성에게 여자 화장실을 이용하라며 훈방했다. 신고한 이는 남자가 여자 화장실을 이용해도 훈방할 것이냐고 경찰에게 따졌다.

2022년 실제 있었던 일이다.

생리 현상을 해결하려고 급히 찾은 화장실, 하지만 이미 칸마다 줄이 길게 늘어선 터라 자신의 차례가 될 때까지 기다릴 수 없을 만큼 급박하다. 눈앞이 캄캄하고 어찌할 바를 몰랐을 테다. 그야말로 체면 불고하고 남자 화장실로 달려갈밖에. 이런 상황에서 이 여성이 느꼈을 감정은 어떤 말로 표현해야 할까? 바로 '곤혹(困惑)'이다. '곤혹'은 '곤란한 일을 당하여 어찌할 바를 모름'이다.

그런데 겨우 볼일을 보고 곤혹스러운 상황에서 벗어나 밖으로 나오니 경찰이 기다리고 있다. 범죄자로 취급받게 된 것이다. 화장실 한 번 쓴 일로 신고당하고 범죄자로 지목받으면 누구든 모욕감이 들 테다. 이때 느꼈을 감정은 또 어떤 말로 표현할까? '곤욕(困辱)'이 제격이다. '곤욕'은 '심한 모욕' '참기 힘든 일'을 이른다.

이처럼 살다 보면 당황스러운 상황에 처할 때도 있고 모욕감을 느끼게 될 때도 있다. 당황스럽고 어찌할 바를 모를 만큼 난처한 때는 '곤혹을 느끼다/곤혹스럽다'라고, 심한 모욕감을 느꼈을 때는 '곤욕을 치르다/곤욕을 겪다/곤욕을 당하다/곤욕스럽다'라고 할 수 있다.

㉮ 옆 사람이 뒤척이는 소리에도 예민해져서 잠들 수 없는 사람에게는 다인실에서 생활하는 게 여간 **곤혹스러운** 일이 아닐 수 없다. ◉

㉯ 기시다 후미오 일본 총리는 북한과의 외교에 적극

나서고 있는데 최근 지지율이 16.7퍼센트까지 떨어
지는 등 정치적으로 **곤혹스러운** 처지다. **◉**

㉓ 늘봄학교는 2022년 정부가 추진 방침을 밝혔다가
'초등 전일제학교'라는 명칭 때문에 **곤욕을 치렀다.**
**◉**

㉔ 완성차 업계는 우크라이나 전쟁과 중국의 봉쇄 정
책으로 인한 차량용 반도체 수급난으로 **곤혹을 겪었**
**다. ✕**

㉕ 3월 취임 이후 승리와 인연을 맺지 못했던 클린스
만 감독은 잦은 해외 출장까지 지적받으면서 **곤혹을**
**치렀다. ✕**

# 시세 + 조정/조종

調 고를 조  整 가지런할 정 / 操 잡을 조  縱 세로 종

잊을 만하면 한 번씩 터져 수많은 투자자를 한숨짓게 만드는 게 주가조작 사건이다. 기업 가치를 반영하고 수요공급에 따라 결정되어야 할 주가를 일부 범죄꾼이 끌어올리기도 하고 끌어내리기도 하며 저희에게 이익이 되는 방향으로 조작하는 것이다. 심지어 기업의 대주주가 증여·상속 등의 과정에서 자신이 지배하는 기업의 주가를 조작하는 일도 빚어진다.

이 '주가조작'을 어떤 이는 '시세조종'이라고, 어떤 이는 '시세조정'이라고 한다. '조종'과 '조정'은 발음이 비슷하기 때문인지 흔히 잘못 쓴다.

'조종(操縱)'은 '비행기나 선박, 자동차 따위의 기계를 다루어 부림' '다른 사람을 자기 마음대로 다루어 부

림'을 뜻한다. 한마디로 기계든 사람이든 자신이 원하는 대로 움직이게 하는 것이다. 비행기가 운항하도록 하는 기능을 갖춘 사람을 '조종사'라고 하며, 드러나지 않게 숨어 다른 사람을 자신이 원하는 대로 쥐락펴락하는 것을 '배후 조종'이라고 한다. 또 영어 'remote control'의 줄임말로 쓰이는 '리모컨'도 멀리 떨어진 채 기기를 다루어 부리는 것이므로 '원격조종'이라고 한다. 어떤 종류든 기기를 조작하고 제어하는 일이 '조종'이라고 기억하면 되겠다.

'조정(調整)'은 '어떤 기준이나 실정에 맞게 정돈함'을 뜻한다. 예컨대 부서의 인원을 늘리거나 줄이는 것은 '정원 조정'이며, 선거구를 현실에 맞게 다시 짜는 것은 '선거구 조정'이다. 대중교통의 노선을 변경하는 것을 '노선 조정'이라 하고 국가의 산업, 기업의 사업이나 기구의 기존 틀을 다시 짜는 것을 '구조 조정'이라고 한다.

예컨대 리모컨으로 '원격조종'을 하여 텔레비전을 틀고 채널을 선택하며, '음량 조정'을 하여 듣기 좋게끔 소리를 높이거나 낮춘다. 따라서 주식 같은 유가증권이나 물건의 '시세'도 특정인이 자신의 이익을 위하여 쥐락펴락한다면 '시세조종'을 하는 것이다. 하지만 급격하게 오르거나 내리던 값이 적정한 수준으로 정착되는 과정은 '시세 조정'이라고 할 수 있다. '시세조종'은 사전에 표제어로 올라 있으므로 붙여 쓴다.

㉮ 금감원은 "인위적으로 주가를 상승시키는 **시세조종** 행위 등을 집중 감시·조사할 예정"이라고 밝혔다. **⊙**

㉯ 국제우주정거장(ISS)에서 지구 표면에 있는 개 형태의 사족 보행 로봇을 **원격조종하는** 시험이 성공했다. **⊙**

㉰ 자본시장법 위반은 대표적으로 부정거래 행위와 **시세조정** 행위를 들 수 있다. **✕**

㉱ 미국에서 **원격 조정으로** 렌터카를 가져다주는 서비스가 등장했다. **✕**

'조종'은 '조작(操作*)'과, '조정'은 '조절(調節**)'과 상통하는 말임을 기억하면 혼동하는 일이 없을 듯하다.

---

* 지을 작
** 마디 절

# 피란/피난 + 시설

避 피할 피 亂 어지러울 란 / 難 어려울 난

급박한 상황이 닥치면 그 상황에서 벗어나기 위해 몸을 피한다. 전쟁이 나면 좀 더 안전한 후방으로 피하고, 해일이 일거나 홍수가 나면 높은 곳으로 피한다. 전쟁이든 천재지변이든 위험한 일이 발생하면 안전한 곳으로 옮겨 가는 것이다. 이렇게 안전한 곳으로 옮겨 가는 것을 흔히 '피난'이라고 한다.

그런데 가끔은 '피난' 대신 '피란'이라고 쓴 글도 보인다. '피난'과 '피란'은 비슷하게 들리지만 같은 말은 아니다.

'피난(避難)'은 '난(難)'을 피한다는 뜻이다. '難'은 '재난(災難)'을 뜻하며 '재난'은 뜻밖에 일어난 재앙과 고난을 뜻한다. '재앙'은 뜻하지 않게 생긴 불행한 변고나 천재지변으로 일어난 불행한 사고이며 '고난'은 괴로움과 어려움이다. 물, 불, 바람, 지진, 해일같이 자연현상으로 빚어지는 재난 때문에, 고의든 아니든 사람의 잘못으로 빚어지는 갖가지 사고 때문에 어려움에 처할 조짐이 있거나 실제로 처했을 때 그 어려움에서 벗어나려고 안전한 곳으로 옮겨 가는 행위가 바로 '피난'이다.

'피란(避亂)'은 '난(亂)'을 피한다는 뜻이다. '亂'은 '난리(亂離)'를 뜻하며 '난리'는 전쟁이나 병란을 뜻한다. '전쟁'은 나라 사이의 싸움으로, 임진왜란이나 병자호란 등이 이에 해당한다. '병란'은 나라 안에서 하는 싸움으로 묘청의 난이나 홍경래의 난, 무신의 난 등이 이에 해당한다. 나라 사이에서든, 나라 안에서든 싸움이 일어날 조짐이 있거나 실제로 싸움이 일어나면 그 싸움터에서 벗어나거나 적이 오기 전에 피하는 행위가 '피란'이다.

요컨대 자연재해든 인재든 재난을 피하는 것은 '피난'이고 총칼 들고 벌이는 싸움을 피하는 것은 '피란'이다. 재난을 피해 가는 길은 '피난길'이고, 피난길을 떠나 당도하여 머무는 곳은 '피난지'이며, 피난지에서 살림살이하는 것은 '피난살이'이며, 피난길에 오르거나 피난살이하는 사람은 '피난민'이다. 싸움을 피해 남부여대하고 떠나는 길은 '피란길'이며, 피란길을 떠나 당도하여 머무는 곳은 '피란지'이며, 피란지에서 살림살이하는 것은 '피란살이'이며, 피란길에 오르거나 피란살이하는 사람은 '피란민'이다. 즉 홍수·태풍·산불은 물론 화재 같은 재난 상황에서는 '피난'을 쓰고, 전쟁·내전·반란 등 싸움을 하는 상황에서는 '피란'을 써야 한다. '강릉 산불 피난민' '수단 내전으로 피란민 수백만 명 발생'처럼.

건물이나 사람이 드나드는 각종 구조물에는 화재 같은 재난이 발생할 때를 대비해 비상구, 비상계단 같은 시설을 반드시 갖춰야 한다. 이런 시설물 또한 재난을 피하기 위한 것이므로 '피난 시설'이라고 한다.

㉠　일본 노토반도에서 발생한 강진의 여파로 1만 명 넘는 주민이 한 달째 **피난 생활을** 이어가고 있는 것으로 확인됐다. ◎

㉡　이스라엘군의 지상 작전에 따라 북부에서 중부로, 중부에서 남부로 거듭 밀려났던 **피란민들은** 더 대피할 곳조차 없는 상황이다. ◎

㉢　6·25전쟁 이후에는 많은 **피란민이** 이곳으로 몰려들어 **피난민촌이** 형성됐다. ✕

㉔ 이스라엘방위군의 공격으로 발생한 **피난민** 수만 명이 가자지구 이집트 접경으로 몰려들고 있다. **Ⓧ**

㉕ 칠레 중부 발파라이소 지역에서 산불로 초토화된 집 앞에서 **피란민들이** 서로 끌어안으며 울고 있다. **Ⓧ**

# 의론/의논 + 맞서다

議 의논할 의  論 논의할 론

같은 한자를 쓰는데도 어떻게 발음하느냐에 따라 뜻이
달라지는 말이 간혹 있다. '更新'을 '경신'으로 읽을 때
와 '갱신'으로 읽을 때의 뜻이 다르듯이 '議論'도 그렇다.
'議論'은 '의논'으로 읽기도 하고 '의론'으로 읽기도 하
는데 '의론'이 본음이고 '의논'은 속음이다. 그런 까닭으
로 한글맞춤법 제52항 "한자어에서 본음으로도 나고 속
음으로도 나는 것은 각각 그 소리에 따라 적는다"라는
규정에 따라 '의논'만 표준어로 인정되어 왔다. 하지만
2015년 뜻과 어감이 다르다는 이유로 '의론'도 표준어
로 인정했다.

그 결과 표준국어대사전은 "어떤 일에 대하여 서로
의견을 주고받음"이라는 기존의 '의논'에 더하여 "어떤

사안에 대하여 각자의 의견을 제기함. 또는 그런 의견"
으로 '의론'을 표제어로 추가했다.

두 표제어의 차이점은 이렇게 요약할 수 있겠다. '의논'은 어떤 사안을 두고 서로 의견을 밝히며 사안을 해결하기 위하여 의견을 한 방향으로 수렴해 가는 것이고, '의론'은 서로가 자신의 의견을 제기하여 맞서는 것이라고 할 수 있다. 즉 '의논'은 협의를 통하여 합의에 이르는 과정이고, '의론'은 논쟁하여 의견의 옳고 그름을 다투는 과정이다.

'의논'은 '그는 한마디 의논도 없이 제멋대로 결정했다/의논을 거듭하다/깊이 의논하다/의논하여 결정하다'처럼 쓰고, '의론'은 '의론이 분분하다/격한 의론/의론이 맞서다'처럼 쓴다.

㉮ 시는 최근 '인구정책위원회' 회의를 열어 관련 정책 방향 등을 **의논했다고** 밝혔다. ◎

㉯ 국민성 자체를 좋고 나쁘다거나, 헐뜯을 수 없는 것처럼 서로 파벌이 나뉘고 **의론이** 다른 것을 무조건 당쟁에 비유하거나 분열주의로 자책하는 것은 역사를 제대로 본 것이 아니라는 주장이 있다. ◎

ⓒ 조정이 을해년 이래 **의론이** 두 갈래로 갈라지기 시작해 지금까지 거의 50년이 됐다. Ⓞ

ⓓ 한국대중음악공연산업협회는 암표 및 부정 거래 대책 강구 및 공연 산업 발전을 위한 세미나를 열고 다양한 **의논을** 교환했다. Ⓧ

# 생태계 + 보존/보전

保 보전할 보　存 있을 존 / 全 온전할 전

생태계는 보전해야 할까, 보존해야 할까? 유물은?

'보전'과 '보존'은 뜻뿐만 아니라 발음까지도 비슷해 헷갈리기 십상이다. '보전(保全)'은 '온전하게 보호하여 유지함'이며, '보존(保存)'은 '잘 보호하고 간수하여 남김'이다. 뜻풀이조차 언뜻 보아서는 그 차이점을 분간하기 쉽지 않다.

훼손하지 않고 보호한다는 데는 두 말이 뜻하는 바가 같지만 '보전'은 '유지함'에, '보존'은 '간수하여 남김'에 방점이 찍힌다.

고인 물이 썩는다는 말이 있듯이 생태계는 정체된 채 있어서는 안 된다. 물은 쉴 새 없이 흐르고, 나무는 자라고, 나뭇잎은 봄에 새로 돋았다가 가을이면 떨어져 썩고, 동물도 자라고 새끼 치고 늙어 죽는 등 끊임없이 변하여야 숲이 유지된다. 이런 사물은 '보전'할 대상이다. 반면에 유물이나 유적지는 그 형상 자체가 변화하거나 손상되지 않도록 간수하여야 마땅하다. 이런 사물은 '보존'할 대상이다. 예컨대 문화재 가운데 도자기·그림·조각품 같은 유형 문화재는 '보존'하고, 전통 놀이·공예·의식 등의 무형 문화재는 '보전'해야 한다.

한편 영토나 국토는 사전에 따라 다른 용례를 제시하고 있다. 어떤 사전은 '영토 보존'이라 하고, 어떤 사전은 '국토 보전'이라고 했다. '영토 보존'은 '우리 영토는 한 치도 양보할 수 없다'라고 하듯이 땅덩이 그 자체를 보는 시각일 테고, '국토 보전'은 그 땅 안에서 개발을 비롯한 다양한 행위가 이루어지면서 변화가 지속됨을 고려한 관점일 테다.

그런가 하면 표준국어대사전은 표제어 '보존'에서는 "종족 보존"을 용례로 들고 표제어 '본능'에서는 "모든 동물은 종족을 보전하려는 본능을 가지고 있다"를 용례로 들었다. '종족'은 '보전'하여야 마땅하다. '종족'은 현재의 구성원이 그대로 남는 것이 아니라 끊임없이 새 생명이 태어나고 늙어 죽기를 거듭하면서 후대로 이어지기 때문이다. 애국가에서 "대한 사람 대한으로 길이 보전하세"라고 했듯이 말이다.

사람이 병들어 오늘내일하면서 자리를 깔고 몸져누운 채 연명하는 것 역시 '자리보존'이 아니라 '자리보전'이라고 한다.

㉮ 이 달걀은 지금까지 발견된 고대 로마 시대 조류 알 중 내용물이 액체 상태로 **보존된** 유일한 알이다. ◎

㉯ 무릉별유천지 내 폐산업시설인 쇄석장은 역사적 산업시설물로 **보존** 가치가 높아 **보존** 및 활용의 필요성이 지속 제기됐다. ◎

㉰ 수우도는 전형적인 어촌 마을로서 가구 수가 적고 외지인에게 알려지지 않아 자연경관이 그대로 **보전돼** 있다. ◎

㉱ 태안군이 천혜의 산림자원을 **보존하고** 특히 소나무 재선충병 확산을 막기 위한 조치에 나섰다. ✖

㉲ 제주도의 환경 **보존과** 개발의 자치권을 갖기 위한 제주특별법 개정을 약속했다. ✖

# 의료 + 부문/부분

部 나눌 부 門 문 문 / 分 나눌 분

"차이콥스키 콩쿠르는 피아노, 바이올린, 첼로, 남녀 성악 부분을 동시에 열어 왔는데, 2019년부터 목관악기와 금관악기도 추가됐다."

이 문장은 다음과 같은 내용을 간략하게 표현한 것이다. 차이콥스키 콩쿠르에서는 2018년까지는 피아노 연주자, 바이올린 연주자, 첼로 연주자, 남자 성악가, 여자 성악가들이 따로따로 실력을 겨루었는데 2019년부터 목관악기 연주자, 금관악기 연주자들도 각각 경쟁에 참여할 수 있는 무대를 더했다.

피아노, 바이올린 등 몇 가지 분야로 나눈 것을 이 문장에서는 '부분'이라고 했다. '부분(部分)'은 '전체를 이루는 작은 범위' '전체를 몇 개로 나눈 것의 하나'이다.

'앞부분/뒷부분/썩은 부분/마지막 부분/이해가 안 되는 부분'처럼 쓴다. 인용문에서는 '부분'이 아니라 피아노, 바이올린, 첼로 등등의 '분야'나 '갈래'를 나타내는 말이 와야 한다. 그런 말로는 '일정한 기준에 따라 분류하거나 나누어 놓은 낱낱의 범위나 부분'을 뜻하는 '부문(部門)'이 있다. '중공업 부문/사회과학 부문/자연과학은 여러 부문으로 나뉜다'처럼 쓴다. '토막'을 뜻하면 '부분'이라고, '갈래'를 뜻하면 '부문'이라고 한다.

'그 학술 행사는 두 부분으로 나뉘어 진행됐다'라고 할 수도 있고, '그 학술 행사는 두 부문으로 나뉘어 진행됐다'라고 할 수도 있다. 예컨대 발표와 토론이라는 형식으로 나누었다면 전자에 해당하고, 자연과학과 응용과학이라는 학술 영역을 기준으로 나누었다면 후자에 해당한다. 참가 대상을 기준으로 나눌 때도 '일반인 부문/학생 부문'처럼 나타낸다. 부문은 '영역'이나 '분야'와 맞바꿔 쓸 수 있다.

㉮  청주시립국악단의 '신바람'은 '베스트 기악 및 재즈' **부문에서** 대상을 수상했다. ◉

㉯  보건의료노조는 간호사, 간호조무사, 의료기사 등

병·의원 및 의료 **부문에서** 종사하는 노동자로 구성
돼 있다. **O**

㉓ 전체 미국 투자이민 투자금의 절반이 건설 **부분에**
투자된 것으로 보고됐다. **X**

㉔ 차이콥스키 국제 콩쿠르에서 한국인 참가자가 바
이올린 첼로 성악 **부분에서** 우승을 차지했다. **X**

# 포탄 + 작열/작렬

灼 사를 작　熱 더울 열　/　炸 터질 작　裂 찢을 렬

㉮　**태양이 작열**하는 아름다운 해변, 맛과 오랜 역사로
　　소문난 카페가 즐비해 여행자에게 인기가 높디.

㉯　(고양이는) **태양이 작렬**하는 낮 시간을 피해 해질녘
　　이나 새벽 동틀 무렵에 주로 활동하고 사냥을 한다.

㉰　이정후는 12일 5회 역전 3점 홈런, 6회 그랜드슬램
　　을 연이어 터뜨리며 KBO 데뷔 후 첫 연타석 **홈런을**
　　**작렬했다**.

㉱　리그 안타 1위를 달리고 있는 이정후가 1회부터 **투**
　　**런포를 작열**하며 앞서갔다.


㉮와 ㉯에서는 태양이 작렬(炸裂)하기도 하고 작열(灼
熱)하기도 한다. 그런가 하면 ㉰과 ㉱에서는 프로야구

선수 이정후가 홈런을 작열하기도 하고 작렬하기도 한다. 어느 것이 맞을까?

'灼'은 '불사르다'를, '熱'은 '덥다'를 뜻하여 '작열'은 '불 따위가 이글이글 뜨겁게 타오름'을 나타낸다. 여기에서 연유하여 '몹시 흥분하거나 하여 이글거리듯 들끓음'이라는 비유의 뜻이 덧붙여졌다. '炸'은 '터지다'를, '裂'은 '찢어지다'를 뜻하여 '포탄 따위가 터져서 쫙 퍼짐'을 나타낸다. 그리하여 마찬가지로 '박수 소리나 운동경기에서의 공격 따위가 포탄이 터지듯 극렬하게 터져 나옴'이라는 비유의 뜻이 덧붙었다. 따라서 ㉮와 ㉱가 맞다. ㉯와 ㉰는 '작렬'과 '작열'을 맞바꾸어 써야 바른 표현이 된다.

'작열'은 태양, 불길처럼 주로 '뜨거움'을 나타내는 사물과 어울려 쓴다. '작렬'은 포탄·폭탄 따위가 터질 때 또는 운동경기에서, 예컨대 축구의 골, 야구의 홈런 등이 '터질' 때 비유적으로 쓴다.

# 안전 + 표식/표지

標 표 표  識 알 식 / 적을 지

차를 운전하고 길에 나서는 순간 우리는 수많은 안내판을 마주하게 된다. 거리를 걸을 때도 마찬가지다. 안내판을 세워 놓았을 뿐 아니라 길 위에도 다양한 문구를 써 놓거나 화살표 같은 그림으로 정보를 표시해 놓아 도로의 방향, 제한 속도 등을 운전자나 보행자에게 알려 준다. 이런 안내판이나 길 위의 문구, 그림을 '교통안전 標識' 또는 '교통 標識'라고 한다. '標識'는 어떻게 읽을까?

'標'는 '표'로, '識'은 '식'으로도 '지'로도 '치'로도 읽는다. '치'로 읽을 때는 깃발을 나타내는 '幟*'의 동자(同字)이며 옛 글에서나 나타나는 만큼 여기선 논외로 한다. 그래서 '標識'을 '표식'이라고 하는 사람도 있고 '표지'라고 하는 사람도 있다. 면식, 박식, 상식, 식견, 식별, 식자,

양식, 의식, 인식, 지식, 학식이라고 할 때는 '알다'를 뜻한다. '지'로 읽을 때는 '기록하다, 표시하다'를 뜻한다. 요즘엔 드물지만 책의 저자가 머리말 끝에 '저자 識'라고 해 두기도 했다. 이때의 '識'가 바로 '지'로 읽는 예이다. '저자가 적다'나 '저자 적음' 정도로 이해하면 된다.

'標識'의 '識'는 '표시하다'의 뜻을 나타낸다. 즉 표로써 정보를 표시한 것을 뜻하므로 '표지'로 읽는다. 이 '표지'를 '표식'으로 잘못 알고 있는 사람이 매우 많다.

㉮ 구청은 사고 예방을 위해 접근 금지 **표식**을 세우는 등 안전 조치에 나섰다. ✘

㉯ 이면도로인 곳은 펜스 설치가 불가해 도로 **표식** 등으로 어린이보호구역임을 강조했다. ✘

㉰ AI가 이미지를 생성하는 순간 사람 눈에는 보이지 않지만 소프트웨어가 인식할 수 있는 **표식**을 붙이겠다. ✘

㉱ 북한 대륙간탄도미사일(ICBM)에서도 식별되던 **표식**이다. ✘

㉲ 상습 빗물받이 침수구역에 사각 스탠드형 **표식판**과 푯말을 세웠다. ✘

㉮와 ㉯에서는 '표식'을 '표지'로, ㉰에서는 '표식을 붙이겠다'를 '표를 붙이겠다'나 '표시를 하겠다'로, ㉱에서는 '표식'을 '표시'로, ㉲에서는 '표식판'을 '표지판'으로 바로잡아야 한다.

도로에 그림이나 문자로 정보를 표시해 둔 것은 '도로 표지/교통 표지/교통안전 표지'이며, 특히 기둥을 세우고 표지를 하여 매달거나 붙여 놓은 판은 '표지판'이라고 한다. '상식/지식'처럼 '아는 것'을 뜻하면 '식'으로 읽고, '알리는 것'을 뜻하면 '지'로 읽는다는 것을 기억하면 된다.

# 금방/방금 + 마치다

今 이제 금  方 모 방

똑같은 한자로 이뤄진 말인데 순서를 바꾸면 뜻이 달라지기도 한다. '일전(日前)'과 '전일(前日)'이 그렇다. 일전은 '며칠 전'을, 전일은 '일정한 날을 기준으로 한 바로 앞 날'을 가리킨다. '연전(年前)'과 '전년(前年)'도 마찬가지로 각각 '몇 해 전'과 '지난해'를 가리킨다.

'금방(今方)'과 '방금(方今)'도 '이제'를 나타내는 '今'과 '바야흐로'를 나타내는 '方'을 순서만 바꾸어 놓은 말이다. 그러면 이 두 낱말은 어떻게 다를까? 이 말은 일전과 전일, 연전과 전년처럼 아예 다르지는 않다. 그야말로 같은 듯하면서도 다른 듯싶고, 다른 듯하면서도 같은 듯싶은 말이다. 그래서인지 표준국어대사전은 부사 '금방'과 '방금'의 뜻을 단 한 글자도 다르지 않게 풀이했고

'=' 부호까지 써서 동의어임을 밝혔다.

표준국어대사전의 세 가지 뜻풀이와 용례를 하나씩 짚어 보자.

① "말하고 있는 시점보다 바로 조금 전에"라는 뜻풀이다. 이 뜻풀이에 달린 용례 중 하나는 "그는 방금 잠에서 깨어났다"이다. '방금'과 '금방'이 동의어이니 둘을 맞바꾸면 같은 말이 될까? 용례의 '방금'을 '금방'으로 바꾸어 '그는 금방 잠에서 깨어났다'라고 하면 두 말은 뜻에 변화가 없다. 그런데 이 문장 앞에 '지난밤 뒤척이다 겨우 잠들었다'라는 내용이 있다면 두 문장은 뜻과 어감이 제법 달라질 소지가 있다. 뜻풀이대로 '조금 전에'라는 뜻으로 쓰였다면 '금방/방금' 중 무엇을 쓰든 의미 변화가 없다. 하지만 '금방'은 '잠든 지 얼마 되지 않아' 깼다는 사실을 나타낼 수도 있다. '지난밤 뒤척이다 겨우 잠들었는데 방금 깼어'와 '지난밤 뒤척이다 겨우 잠들었는데 금방 깼어'라는 두 문장은 같지 않을 수 있다는 것이다. 전자는 말하는 시점의 바로 조금 전에 깼음을, 후자는 전자의 의미뿐 아니라 문맥에 따라서는 짧은 시간밖에 자지 못했음을 의미할 수 있다. 그런데 '방금'에는 후자와 같은 어감이 없다. '방금=금방'이라고 할 수 없는

것이다.

② "말하고 있는 시점과 같은 때에"라는 뜻풀이다. '방금'과 '금방'의 이 두 번째 뜻풀이가 일치하지만 웬일인지 '방금'의 용례는 아예 없다. 두 말이 같다고 하니 '금방'의 용례로 살펴보자. "금방 비가 올 것처럼 하늘이 어둡다"에서 '비가 올'은 현재가 아니라 미래를 나타내며 이 문장은 전혀 어색하지 않다. '방금 비가 올 것처럼 하늘이 어둡다'는 어떤가? 한국어가 모국어인 사람은 자연스럽지 못하다고 느낄 것이다. 하지만 '방금 비가 온 것처럼 풀잎마다 물방울이 맺혀 있다'는 자연스럽다. 이때의 '방금'은 '금방'으로 바꾸어도 의미 변화가 없다. '말하고 있는 시점과 같은 때'는 '동시'여야 하는데 용례는 그렇지 않다는 점도 눈에 띈다.

③ "말하고 있는 시점부터 바로 조금 후에"라는 뜻풀이다. '방금'의 용례는 "방금 주먹질을 할 듯이 코앞에다 삿대질을 해 댄다"이며 '금방'의 용례는 "걷잡을 수 없는 분노가 그를 사로잡았다. 금방 달려들기라도 할 듯 벌떡 몸을 일으키다가 파편을 꺼낸 자리의 통증 때문에 제풀에 모로 쓰러지면 (……)"이다. 둘 다 '주먹질을 할' '달려들기라도 할'이라는 미래를 나타내는 말과 함께 쓰

였다. '금방 달려들기라도 할 듯'은 자연스러운 반면 '방금 주먹질을 할 듯이'는 그렇지 못하다.

이 '금방'과 '방금'을 『훈민정음 국어사전』은 방금은 "현재를 포함하지 않은 바로 직전", 금방은 "현재를 포함하지 않은 바로 직전과 직후"를 가리킨다고 밝혀 놓았다. 또 금방의 뜻풀이로 "기준 시점에서 불과 얼마 안 있어"를 추가했다. 이 뜻풀이가 바로 ①에서 언급한 '짧은 시간밖에 자지 못했다'라는 의미를 설명해 준다. 『연세 한국어사전』은 '방금'은 "바로 조금 전"이라고 풀이하고 '금방'을 유의어로 제시했으며 '금방'은 "① 소금 뒤에 곧, ② 조금 전에 막, ③ 바로 연이어서, ④ 순식간에, 얼마 지나지 않아서"라고 풀이했다. 『고려대한국어대사전』에서는 '방금'은 "바로 이제"로, '금방'은 "말하고 있는 때보다 바로 조금 전에"와 "말하고 있는 때로부터 바로 조금 후에"로 풀이했다. 금방과 방금을 유의어로 처리하지 않았다는 점도 눈에 띄는 차이점이다. 표준국어대사전에서는 '금방=방금'이라고 했지만 다른 사전들은 '금방⊋방금'이라고 하거나 유의어로도 인정하지 않은 것이다.

표준국어대사전의 풀이와 용례가 잘못되었다고 할

수는 없다고 하더라도 언어 현실을 제대로 반영한 것은 아닌 듯하다.

정리하자면 '금방'은 '말하고 있는 때의 바로 앞과 뒤', 어떤 행동을 한 시점을 기준으로 '짧은 동안 만에'를 나타내고, '방금'은 '말하고 있는 때의 바로 앞'을 나타낸 다고 할 수 있다. 예컨대 '철수가 금방 온다고 하더니 방금 와서는 금방 가겠다고 한다'라고 말할 수 있겠다. '금방 온다고 하더니'에서는 금방이 철수가 말한 때의 바로 뒤를 뜻하고, '방금 와서는'에서는 방금이 이 문장의 화자가 말하고 있는 때의 바로 앞을 뜻하는데 이때의 방금은 '금방'으로 바꿀 수 있으며, '금방 가겠다고'에서는 금방이 '짧은 동안 만에/곧바로'를 뜻하게 된다.

'금시(今時)'라는 말도 있는데 '바로 지금'을 나타낸 다. '금시라도 소나기가 쏟아질 것 같다'처럼 쓴다. '금시'는 '금시에'의 꼴로 쓰이기도 하는데 대부분 '소문이 금세 퍼졌다' '약을 먹은 효과가 금세 나타났다'같이 줄어든 말 '금세'로 쓴다. 이 줄어든 말 '금세'를 '금새'로 잘못 적는 사람이 많으니 주의해야 한다. '금새'는 '물건의 값'을 나타내는 말로 '금새를 치다'처럼 쓴다.

㉮ 어떤 공식은 너무 복잡해서 잘 안 외워지고, 열심히 외워도 **금세** 까먹는 경우도 다반사다. ◉

㉯ 수도꼭지를 틀자 토사가 섞여 나옵니다. 샤워 꼭지 필터는 **금새** 흙으로 막혀 버립니다. ✖

㉰ 냉감 소재는 대부분 흡수성과 통기성이 뛰어나 땀을 잘 흡수하고 또 **금새** 마르는 장점을 갖고 있다. ✖

# 장병 + 이송/호송/후송

移 옮길 이 / 護 보호할 호 / 後 뒤 후 送 보낼 송

㉮ (대학생) 윌러는 친구의 도움으로 **병원에 호송됐고**
생명에는 지장이 없는 것으로 알려졌다.

㉯ 7회 초 2루 도루를 시도하다 부상했고, 곧바로 응급
차에 실려 **병원으로 후송됐다**.

㉰ 이날 발생한 화재로 3명이 연기를 흡입하여 **병원으**
**로 이송됐으나** 상태는 위중하지 않은 것으로 알려
졌다.

세 예문은 모두 다친 사람을 병원으로 옮기는 상황을
보여 준다. 그런데 '호송, 후송, 이송'으로 각기 다른 말
을 쓰고 있다. 어느 문장이 상황에 맞는 말을 바르게 썼
을까?

우선 세 낱말의 뜻을 살펴보자. '호송(護送)'은 '목적지까지 보호하여 운반함' '전시에, 군함이 수송선이나 상선을 따라가며 보호하는 일' '죄수나 형사 피고인을 어떤 곳에서 목적지로 감시하면서 데려가는 일'을 뜻한다. '후송(後送)'은 '적군과 맞대고 있는 지역에서 부상자, 전리품, 포로 따위를 후방으로 보냄' '뒤에 보냄'을 뜻한다. '이송(移送)'은 '다른 데로 옮겨 보냄' '법원이 재판에 의하여 소송 사건을 다른 법원으로 옮김'을 뜻한다.

뜻풀이에서 볼 수 있듯이 '호송'은 운반하거나 데려가면서 보호하거나 감시하는 데에 방점이 씩히며, '후송'은 통상 군(軍)과 관련된 표현으로 쓰인다. 단순히 옮기는 상황에서는 '이송'을 쓴다. 따라서 군대에서 장병이 부상하면 후송하지만 민간인이 부상하면 이송하게 된다. 글머리에 제시한 세 문장 가운데서는 ㉰가 바르게 쓴 예가 된다.

돈, 귀중품, 죄인이나 전시의 같은 편 선박은 호송하고, 부상 장병이나 포로는 후송하며, 민간인 부상자는 이송한다고 기억하면 되겠다.

㉰   육군에 입대한 A씨는 호흡곤란 증세를 보여 쓰러진

후 민간 병원으로 **후송됐으나** 같은 날 사망했다. **◎**

㉮ 서울 동대문구 제기동의 한 아파트에서 불이 나 3명이 병원으로 **이송됐다.** **◎**

㉯ 불법 체류중이던 A 씨는 적발되어 파출소로 **호송되던** 중 숨겨 둔 과도로 자신의 배를 찔러 인근 병원으로 **이송됐다.** **◎**

㉰ 울릉도를 찾은 관광객이 지역 유명 관광지인 봉래 폭포에서 쓰러져 병원으로 **후송됐지만** 사망했다. **✕**

# 마약 + 투약/투여

投 던질 투  藥 약 약 / 與 줄 여


마약 청정국이라던 대한민국에서도 마약이 큰 사회문제를 일으키고 있다. 재벌가의 자녀, 정치인의 자녀, 유명 연예인, 심지어 현역 병사와 의료인까지 마약에 손을 대는 것으로 드러났다. 게다가 일부 외국인들까지 가세하여 하루가 멀다 하고 마약 관련 뉴스가 보도되는 형국이다. 마약이 사회 곳곳에 퍼지다 보니 한때 '마약 김밥' '마약 옥수수' '마약 핫도그'같이, 한번 맛보면 계속 찾게 된다는 의미로 음식까지 마약으로 수식하는 게 유행하기도 했다. 오죽했으면 식품의약품안전처에서 자제해 달라고 했겠는가.

마약 범죄를 보도하는 기사에서 상투적으로 쓰는 표현이 '마약 투약(投藥)'이다. 아마 검찰이나 경찰이 그런 표현으로 발표하여 기사에도 그렇게 쓰지 싶다. 검찰이나 경찰도 마약 사범들이 먹고 마시고 주사하고 흡입하는 등 다양한 방법을 쓰니 편의상 '투약'이라고 뭉뚱그려 표현하는 듯하다.

표준국어대사전은 '투약'을 "약을 지어 주거나 쓰다"라고 풀이하고 "의사는 진단을 한 후에 환자에게 안정제를 투약하였다"를 용례로 제시했다. 『훈민정음 국어사전』에서는 "병에 알맞은 약제를 지어 주거나 쓰는 것"이라고 좀 더 명확하게 풀이했다. 두 사전의 뜻풀이에서 드러나듯이 '투약'은 의사/약사 등 의료인이 환자의 병을 치료하기 위하여 하는 합법 행위이다. 따라서 범죄자들이 스스로 마약을 몰래 먹고 마시고 주사하고 흡입함으로써 자신과 남의 심신을 망가뜨리는 범법 행위를 '투약'이라고 하는 것은 사리에 맞지 않는다. 마약의 종류에 따라 '먹다/마시다/주사하다/흡입하다' 같은 말을 써서 구체적으로 표현하는 것이 바람직하다. 이런 행위들을 뭉뚱그려 표현할 때는 '음식물 따위를 먹거나 마시거나 담배 따위를 피우다'를 뜻하는 동사 '하다'를 써서 '마약을 하다'라고 하면 된다. 의료인의 합법 행위에 써야 할 낱말을 쓰니 마약 범죄가 더 극성을 부리는 것인지도 모르겠다. 마약으로 분류되는 약물은 환자의 치료에 쓸 때만 '투약'이라고 하는 것이 합당하다.

'투여(投與)'도 '약 따위를 환자에게 복용시키거나 주사함'을 뜻하며 '환자에게 진통제를 투여하다'처럼 쓴다. 마찬가지로 범죄자가 아니라 의료인만이 할 수 있는 것이다.

의료인들이 검찰이나 경찰, 언론기관에 마약 범죄에 자신들만의 용어를 남용하지 말도록 요청하면 단박에 바로잡힐 듯한데 용어의 오용 사실 자체를 인지하지 못하는 듯하다.

㉮ 그는 기자회견을 열고 "결코 **마약을 하지 않았다**. 했다면 은퇴할 것"이라며 의혹을 부인했다. ⊙

㉯ B씨는 총 2차례 자신의 주거지에서 향정신성 의약품인 **케타민을 흡입한** 혐의를 받는다. ⊙

㉰ 같은 해 6월 인천에서 **필로폰** 약 0.07그램이 든 주사기 1개를 받아 왼팔에 **주사한** 혐의로 기소됐다. ⊙

㉱ 3만 3000명이 동시에 **투약할 수 있는 마약**을 밀수입한 30대가 중형을 선고받았다. ✕

㉲ 집 안에서 **마약을 투약하고** 나체 상태로 소란을 피운 남성이 경찰에 붙잡혔다. ✕

# 반ㆍ증/방ㆍ증/증ㆍ거 + 가능하다

反 돌이킬 반  證 증거 증 / 傍 곁 방 / 據 의거할 거

㉮  학생 수(528만 명)는 4만 명 줄었는데 사교육비는
2조6000억 원이 늘었다. 그만큼 사교육비 부담은
갈수록 커지고 있다는 **반증이다**.

㉯  국내 화훼 생산이 하락 내지는 답보 상태가 이어지
는 동안 해마다 수입 꽃은 증가하고 있다. 이는 국산
꽃이 수입 꽃과의 경쟁에서 밀렸다는 **반증이다**.

㉰  '영장 자판기'라는 말은 법원으로선 가장 치욕적인
비칭 가운데 하나일 것이다. 이런 표현이 낯설지 않
게 된 현실은 그만큼 영장심사의 엄격성에 대한 불
신이 커졌다는 **반증이다**.

두 문장씩으로 이뤄진 예문에서 각각의 앞 문장의 내용

은 뒤 문장에서 지적한 현상의 '반증'이 되었다. 그렇다면 '반증'은 어떤 의미일까? '반증(反證)'은 '반대 증거'이다. 즉 어떤 증거에 반대되는 증거인 것이다. '반증'을 '반대 증거'로 바꿔 보면 의미가 통하지 않음을 알 수 있다. 각각의 앞 문장은 뒤 문장의 현상이 나타났다고 주장할 수 있는 근거가 되는 내용이다. '반대 증거'가 아닌 것이다.

　이런 때는 '반증'이 아니라 '방증(傍證)'이라고 해야 한다는 주장이 많다. 그럴 수도 있지만 반드시 그렇지는 않다. '傍'은 '곁'을 뜻하는 한자다. '방증'은 말 그대로 '곁다리 증거'라고 할 수 있다. '반증'이라고 한 것이 주된 증거를 보충해 주는 데에 지나지 않는다면 '방증'으로 고치는 것이 맞을 수 있다. 하지만 그 자체로 주된 증거가 된다면 얘기가 달라진다. 핵심을 곁다리로 격하하는 셈이 되기 때문이다.

　이런 상황을 가정해 보자. 절도범이 도둑질하는 장면이 폐쇄회로TV에 녹화되고 그가 범행 현장에 지문을 남겼다. 하지만 절도범은 자신이 아니라고 주장한다. 경찰 수사 결과 절도범은 범행 시 얼굴을 가리려고 범행 몇 시간 전에 근처 상가에서 모자와 마스크를 사고 신용카드로 결제했다. 절도 장면이 찍힌 영상과 지문은 범인을 특정할 주된 증거가 될 것이다. 그리고 영상 속 범인이 쓴 모자와 마스크를 산 정황은 주된 증거를 보충해 주는 증거가 될 것이다. 그런데 범인은 자신이 그곳에 간 적이 없다고 알리바이를 댄다.

이런 상황에서 '주된 증거를 보충해 주는 증거'인 모자와 마스크를 산 정황은 '방증'이며 범인의 알리바이는 반대 증거인 '반증'이다.

따라서 앞머리에 제시한 세 예문의 '반증'은 '증거'라고 하는 것이 타당하다. 다만 그것 말고도 더 확실한 증거가 있다면 '방증'으로 격하해도 되겠다. 주된 증거를 뒷받침해 주는 곁다리 증거가 '방증'이며 알리바이처럼 증거나 방증에 맞서 반대되는 정황을 주장하는 증거가 '반증'이므로 상황에 맞춰 '증거, 방증, 반증'을 가려 써야 한다.

# 범행 + 재연/재현

再 두 재　現 나타날 현 / 演 펼 연

요즘은 툭하면 끔찍한 사건 사고가 일어나곤 해서 많은 사람이 웬만해선 분노는커녕 관심도 보이지 않는 지경이 되었다. 고의성이 없는 사고라면 몰라도 마음먹고 저지른 흉악 범죄 사건이라면 수사기관에서 범인을 체포하여 수사한 뒤 반드시 실시하는 절차 가운데 하나가 현장검증이다. 사회의 이목이 집중되는 사건은 많은 매체가 현장검증을 놓치지 않고 보도하곤 한다. 이런 식이다.

㉮　A 씨는 낚시하고 있던 아내 B 씨를 뒤에서 미는 등 **범행을 재현**했다.

㉯　시신 유기에 관여한 피의자 2명이 현장에서 **범행을 재연**했다.

첫 번째 문장에서는 '범행을 재현했다'로, 두 번째 문장에서는 '범행을 재연했다'로 표현했다. 어느 쪽이 바른 표현일까? '재현(再現)'은 '다시 나타남. 또는 다시 나타냄'을, '재연(再演)'은 '연극이나 영화 따위를 다시 상연하거나 상영함' 또는 '한 번 하였던 행위나 일을 다시 되풀이함'을 뜻한다.

현장검증은 통상 범죄를 저지른 현장에서 범인이 어떤 식으로 범행하였는지를 되풀이하여 보여 주는 과정이다. 이미 저지른 범행을 되풀이하여 보여 주는 과정은 '재연'이라고 하여야 맞는 표현이 된다. 따라서 ㉮가 틀리고 ㉯가 맞다.

물론 이 '재연'을 범행의 현장검증에만 쓰는 것은 아니다. 뜻풀이에서처럼 연극이나 영화를 다시 상연하고 상영하는 것은 물론 다양한 상황에서 이전에 벌어진 일을 되짚어 보기 위해 그 상황을 다시 한번 되풀이하는 것이라면 모두 해당한다고 할 수 있다.

'재현'은 다시 나타나거나 다시 나타내는 것을 의미하는데 이는 이미 소멸하거나 사라진 사물을 다시 보여 주는 것이라고 보면 된다. 예컨대 '구석기시대의 생활상을 재현하다'에서처럼 지금은 사라져서 알 수 없는 구석기시대의 모습을 다시 구성하여 보여 주는 것이라든지, '정조의 화성 능행차 행렬' '조선통신사 행렬'을 고증을 거쳐 공개하는 것 따위를 '재현'이라고 할 수 있겠다.

이처럼 '재연'은 과거의 행위를 나타내는 말과 어울려 그것을 되풀이함을 나타낸다. 따라서 이는 과거에 어떤 행위를 한 사람이 현시점에 그 행위를 다시 하는 것이다. '재현'은 과거에는 실재하였으나 현재는 사라진 사물을 목적어로 삼아 그 사물을 현재에 다시 드러내 보이는 것이다. 참고로 '사물'은 '일과 물건을 아울러 이르는 말'이다.

ⓒ 창덕궁에서 출발한 능행 행렬은 한강 이촌지구에서 노들섬까지 300미터를 연결해 **재현한 배다리**를 건너는 역사적인 도강을 했다. ◎

ⓓ 부산에서 일본 오사카까지 왕래할 수 있는 성능을 갖추도록 해 **조선통신사 재연 행사** 등이 열릴 때 선박을 직접 운항할 수 있어야 한다. ✖

ⓔ 그가 청자 제작에 평생을 바쳐 온 삶은 강진군이 **고려청자 재연**을 숙명으로 받아들인 것과 같다. ✖

한편 '재연(再燃)'은 '꺼졌던 불이 다시 탐'을 뜻한다. 여기에서 '한동안 잠잠하던 일이 다시 문제가 되어 시끄러워짐'이라는 뜻이 파생했다. "산불을 겨우 진압하기는 했으나 재연을 경계해야 한다" "일이 이렇게 된 이상 그 문제의 재연은 이제 막을 수가 없다"처럼 쓴다.

# 사체/시체 + 부검

死 죽을 사 / 屍 주검 시 體 몸 체

앞에서 운명(殞命), 유명(幽明) 등의 말을 다루며 죽음과 관련한 얘기[⇒56쪽]를 했으니 '사체(死體)'와 '시체(屍體)'는 어떻게 다른지도 짚어 보자. 2003년 출간된 책 『한국의 시체 일본의 사체』(문태영 옮김, 해바라기)는 한국과 일본, 양국의 법의학자인 문국진과 우에노 마사히코의 대담집이다. 이 책에서 '주검'을 문국진은 일관되게 '시체'라고, 우에노 마사히코는 '사체'라고 칭한다. 그 이유는 이 책의 후반부에서 밝혀진다. 이해를 돕기 위해 그 내용을 옮긴다.

문: 일본에서는 사람이나 동물이나 '사체'라고 표현하지만 한국에서 사체라는 것은 동물의 사체만을

의미합니다. 사람의 경우는 송장, '시체'가 되지요. 사람과 동물은 구별합니다.

우에노: 일본은 한자 제한으로 '시(屍)'와 '사(死)'를 통일했습니다. 동물도 사람도 전부 통일해서 '사체'라는 말을 사용하기로 하고 '시(屍)'라는 한자를 없앴습니다.

문: 엄밀히 말하면 한국에서 사체 부검이라고 하면 이것은 동물의 사체를 부검하는 것을 의미합니다.

(······)

우에노: 일본에서는 사체라면 전반적인 시체를 말하지만 유족이 확실한 경우에는 유해(遺骸)라는 정중한 말을 사용하지요. 살인 사건의 신원 파악이 안 된 경우에 사체라고 합니다. 그 사체의 일가족 누군가가 인수하러 오거나 하면 사체에서 유해로 달리 말합니다.

이 대담 내용에서 알 수 있듯이 우리는 사람의 주검을 '사체'가 아니라 '시체'라고 불렀다. '사체'는 사람이 아닌 동물에게 쓰는 말이었다. 그러던 것이 일본어의 영향을 받았는지 어느새 '사체'를 거부감 없이 말하고 받아들이는 지경에 이르렀다. 우에노의 말과 비슷하게 우리도 정중하게 표현할 때는 시체가 아니라 '시신'이나 '유해'라고 했다. 그런데 요즘은 '시체'보다 '사체'를 더 많이 쓰는 형국이다. 국어사전들도 '사체'를 '사람 또는 동물 따위의 죽은 몸뚱이'처럼 풀이하였다.

'모가지가 긴 동물'을 '목이 긴 동물'이라고 하는 것이 동물의 지위를 격상해 주는 일이라면 '목이 긴 사람'을 '모가지가 긴 사람'이라고 하면 사람이 스스로 비하하는 것이나 다름없는 일이다. 사람의 주검을 '사체'라고 하는 것 또한 마찬가지다. 물론 우리도 사건 사고 등으로 사망한 사람과 관련해서만 '사체'를 쓰기는 한다. '사체 발견/사체 부검'처럼. 하지만 '시체/시신/주검' 같은 말을 적절히 가려 쓰는 것이 바람직할 듯하다. "학살 현장에 가 봤습니다만 시체들이 너무 부패해서 아버님 시신조차 확인할 수가 없었습니다"(홍성원, 『육이오』)처럼 쓰면 적절할 듯하다. 변고를 당하여 죽은 이의 주검을 뜻하는 '변사체'와 '변시체'도 마찬가지다.

# 적다 + 수/숫자

數 셀 수  字 글자 자

표준국어대사전은 '수(數)'를 "셀 수 있는 사물을 세어서 나타낸 값"으로, '숫자(數字)'를 "① 수를 나타내는 글자, ② 금전, 예산, 통계 따위에 숫자로 표시되는 사항, ③ 사람이나 사물의 수"로 풀이하고 두 낱말을 비슷한 말이라고 밝혔다. '수'의 뜻풀이와 '숫자'의 뜻풀이 ③은 사실상 같은 말이다. 용례도 "사람 수가 모자란다" "그 도시의 자동차 숫자가 3만 대를 넘는다"여서 두 낱말이 모두 '세어서 나타낸 값'을 나타낸다. 따라서 사물을 세어서 나타낼 때는 '수'나 '숫자' 가운데 아무것이나 써도 된다. 과연 그럴까?

표준국어대사전에 따르면 '로또 복권에서 선택할 수 있는 숫자의 수는 45개이다'와 '로또 복권에서 선택할 수 있는 숫자의 숫자는 45개이다'는 둘 다 맞는 표현이다. 두 문장의 뜻이야 누구나 이해할 수 있겠지만 한국어가 모국어인 사람 중에 후자와 같이 표현하는 사람이 얼마나 될지 모르겠다. 많은 사람이 헷갈려 틀린다며 '숫자'의 뜻풀이 ③을 추가하여 아예 두 말을 비슷한 말로 인정해 주는 아량을 베푼 결과라고 하겠다. 아무튼 '수'와 '숫자'는 본디의 뜻대로 구별해 쓰는 것이 바람직해 보인다.

'수'와 관련된 표현을 몇 가지 살펴보려고 한다.

'수'는 '크다/작다'라고 할 수도 있고 '많다/적다'라고 할 수도 있다. '크다/작다'는 '수의 크기'를 말할 때 쓴다. '100은 10보다는 큰 수이지만 1000보다는 작은 수이다'라고 할 수 있다. 또 '사람 수가 많다/적다'라고도 할 수 있다. 정해 놓은 기준보다 많거나 적으면 '넘다/모자라다/못 미치다' 같은 말과 어울려 쓰기도 한다.

'숫자'는 '數字'인데 한자어에는 사이시옷을 받치지 않는다는 맞춤법 사이시옷 조항의 예외에 해당하는 낱말 6개 가운데 하나다. 한자의 뜻 그대로 수를 나타내고 적는 '글자'이다.

한편 정확하지 않은 수를 나타낼 때는 '수십 개, 수

십 명'처럼 쓰기도 한다. 이런 불특정수는 '–가량, 남짓/–여/이상/정도/–쯤/약/대략' 같은 표현과 함께 쓰지 않는다. 예컨대 '수천 명'이라고 하면 어떤 이는 3000~4000명으로 받아들이고, 어떤 이는 4000~5000명으로 받아들이는 등 수 자체가 정확하지 않으므로 이런 표현을 덧붙여 봐야 아무 의미가 없기 때문이다. '약 수천 명'도, '수천여 명'도, '수천 명 이상'도, '수천 명 남짓'도 모두 '수천 명'일 뿐이라는 얘기다. '몇천 명, 몇백 명'처럼 '몇'을 쓸 때도 마찬가지다.

㉮  푸바오가 떠나는 날엔 궂은 날씨에도 불구하고 **수천여 명의** 환송객이 운집했다. ❌

㉯  어머니가 돌아가셨다는 거짓말로 연인과 지인 등에게서 **수억여 원의** 장례비를 가로챈 30대가 재판에 넘겨졌다. ❌

남짓을 나타내는 접미사 '–여'는 숫자의 어느 부분에 붙이느냐에 따라 수의 크기가 달라진다. 예를 들어 '100여만 원'과 '100만여 원'은 제법 차가 날 수 있다. '100여만 원'은 '1만 원' 단위로 100만 원이 넘는 것이며

'100만여 원'은 기껏해야 9999원이 넘는 것이다. '100여 만'은 '101만~109만'을 나타내지만 '100만여'는 '100만 1~100만 9999'를 나타낸다.

또 수를 나타내는 말과 함께 쓰인 명사에는 복수임을 나타내는 접미사 '-들'을 붙일 필요가 없다. '-들'을 붙였다고 해서 틀렸다고 할 수는 없지만 글을 간결하게 하는 데 방해가 된다. 예컨대 '학생들 10명'보다 '학생 10명'이 간결하다. '수천 명의 청년들이 모였다'도 마찬가지로 '수천 명의 청년이 모였다' '청년 수천 명이 모였다'처럼 표현하기를 권한다. '거리에 차들이 많다'도 '거리에 차가 많다'라고 하면 충분하다.

# 타인 + 폄훼/폄하

貶 떨어뜨릴 폄  毀 헐 훼 / 下 아래 하

'분간(分揀*)'이란 말이 있다. 대략 '구별'과 비슷한 뜻으로 쓰인다. 이 '분간'에 '용서'의 뜻이 있는 것은 의외다. 하지만 『조선왕조실록』이나 『승정원일기』 『일성록』 등 옛 책을 보면 '구별'보다 '용서'의 뜻으로 쓰인 것이 훨씬 많다. 실은 필자도 이런저런 고전의 원문을 실제 들여다보기 전에는 '분간'의 뜻풀이에 있는 '용서'의 뜻이 어떤 식으로 쓰이는지 몰랐다. 표준국어대사전에서는 '분간'의 세 가지 뜻풀이 가운데 세 번째로 "죄지은 형편을 보아서 용서함"이라고 해 두었지만 용례는 싣지 않았다. 동사인 '분간하다'의 뜻풀이에서도 마찬가지다. 다른 사전들도 그러하다. 요즘 말글살이에서는 '용서하다'라는 뜻으로 쓰지 않는 현실을 반영한 것일 테다. 고전 번역

---

자들도 '分揀'을 '용서하다'로 번역한다. 이처럼 한 낱말의 일부 뜻이, 심지어는 낱말 자체가 용도 폐기되기도 하지만 새로운 뜻이 덧붙여지기도 한다. 그런 낱말이 또 있다.

내 딴에는 잘한다고 했는데 남은 고작 이렇게밖에 못하느냐는 식으로 깎아내리는 일이 간혹 생긴다. 그 반대도 있을 것이고. 내가 당하면 내 마음이 상하고, 내가 그리하면 남의 마음에 상처를 입히는 일이 된다. 이런 일을 당하면 흔히 '폄하하지 마라'라고 항변하곤 한다. 여기서 '폄하하다'가 '깎아내리다'의 동의어임을 짐작할 수 있다. 과연 그럴까?

표준국어대사전은 '폄하(貶下)'의 첫 번째 뜻풀이로 "가치를 깎아내림"을, 두 번째 뜻풀이로 "치적이 좋지 못한 수령을 하등으로 깎아내리던 일"을 제시하고 있다. 본디는 두 번째 뜻풀이만 있었다. 나중에 추가된 뜻풀이가 첫 번째에 오른 것이다.

직장인은 대부분 평가, 다시 말해 고과를 받는다. 옛날이라고 다를 것 없다. 옛날에는 이 인사고과를 '포폄(褒貶)'이라고 했다. 인사고과에서 상등(上等)으로 평가하는 것을 포(褒)라 하고 하등(下等)으로 평가하는 것을 폄(貶)이라 한데서 유래한 것이다. '褒'는 '기리다'를, '貶'은 '떨어뜨리다'를 뜻하는 한자다. 따라서 '褒'는 '포상(褒賞)'을, '貶'은 '등급을 떨어뜨림'을 나타낸다. 벼슬아치의 인사고과를 하면서 상, 중, 하 가운데 하나로 등급을 매길 때 '하'로 떨어뜨리는 것이 바로 '폄하'이다. '하'를 받은 벼슬아치는 바로 그 직위에서 쫓아낸다.

　이처럼 '폄하'는 인사고과에 쓰이던 역사 용어지만 '가치를 깎아내림'이라는 새로운 뜻이 더해졌다. '남을 깎아내려 헐뜯음'을 뜻하는 한자어는 따로 있다. 바로 '폄훼(貶毀)'이다. '毀'는 '헐다, 허물다'를 뜻하며 '훼손(毀損)/훼방(毀謗)' 같은 말에 쓰인다. 이 '폄훼'가 발음하기도, 한자는 물론 한글로 적기도 어려운 탓에 생김새도 발음도 언뜻 비슷하게 느껴지는 '폄하'를 쓰게 된 것이 아닐까 싶다. 한자는 잘 알다시피 뜻글자이다. 각각의 글자가 뜻하는 바를 무시하는 것은 아무래도 바람직해 보이지 않는다. 유래가 분명한 고사성어나 역사 용어는 더욱더 그러하다. 말은 변하기도 하고, 뜻이 더해지기도 하므로 그것을 인정해 주어야 한다는 주장을 수긍 못 하는 바는 아니다. 하지만 유래가 분명한 말이 다른 뜻으로 잘못 쓰일 때는 틀렸음을 알려주고 바로잡는 노력부터 하여야 할 듯하다.

남을 깎아내린다는 뜻으로는 '폄하하다'보다 '폄훼하다'를 쓰는 것이 바람직하다. '폄훼하다'보다는 '깎아내리다'라는 쉬운 고유어가 더 낫다.

㉮ 모든 다선 의원을 '노욕의 화신'으로 **폄훼할** 뜻은 없다. ◉

㉯ 「소돔의 120일」은 당시 변태 소설로 **폄훼당했지만** 한 세기가 지난 후 철학자들은 그가 당대의 성과 도덕에 관한 모든 기준을 무너뜨렸다는 점에 주목하기 시작했다. ◉

㉰ 국민께 새로운 선택을 드리기 위해 일하는데 거대 양당은 이런 노력을 날마다 모멸하고 **폄훼하고** 별 욕을 다한다. ◉

# 광복/해방 + 절

光 빛 광  復 돌아올 복 / 解 풀 해  放 놓을 방

'국권 회복'[⇒166쪽]을 언급한 김에 한 가지 보탠다. 일제에 나라를 빼앗겼다가 되찾은 일, 즉 우리의 국권을 회복한 일을 '해방'이라고도 하고 '광복'이라고도 한다. 어떤 표현이 바람직할까?

일제 강점기에 수많은 지사가 국내외에서 국권을 회복하기 위하여 혼신을 바치며 일제에 맞서 싸웠다. 특히 이웃 나라 중국과 러시아 연해주 등을 무대로 광복군을 포함하여 여러 무장 투쟁 조직이 일본군에 타격을 가하기도 했다. 물론 온전히 우리 힘으로 나라를 되찾은 것은 아니다. 제2차 세계대전에서 추축국과 맞서 싸운 연합국의 힘이 컸다. 하지만 그간 혼신을 바쳐 일제에 대항한 우리 선열들의 희생을 무위로 돌려서는 안 될 것이다.

그런 관점에서 '해방'과 '광복'을 살펴보자.

'해방(解放)'은 '풀려나다/벗어나다' 정도의 의미지만 '광복(光復)'은 나라의 문화·풍속·제도·지리 따위의 상태, 다시 말해 '국광(國光)'을 회복한다는 뜻이다. 따라서 '해방'은 수동의 어감이 강하다. 그에 비해 '광복'은 우리 스스로 국권을 되찾았다는 적극적인 의미를 띤다. 그래서 국권 회복을 기념하는 국경일은 '해방절'이 아니라 '광복절'이다. '해방'과 '광복' 가운데 무엇을 써야 하겠는가? 명약관화할 터이다.

# 선배 + 영부인/부인

令 존칭 령　夫 남편 부　人 사람 인

남의 아내를 이를 때는 '부인(夫人)'이라고 한다. '아내/처'의 높임말이다. 요즘 이 '부인'에 '영(令)'이 붙은 '영부인(令夫人)'이란 말을 하루에도 수십 번 보고 듣게 된다. 그런데 그 뜻은 한정돼 있다. '대통령의 부인'으로.

영부인이라고 할 때의 '令'은 대통령과는 아무 관련이 없는 글자다. 대통령의 '령'은 '領'이어서 '令'과는 생김새도 뜻도 전혀 다른 글자다. '영부인'을 무슨 대단한 호칭이라도 되는 양 대통령 부인의 호칭으로 쓰는 바람에 그리 굳어진 것이다.

표준국어대사전은 '영부인'을 "남의 아내를 높여 이르는 말"이라고 풀이했다. 『교학 대한한사전』에서는 '令'을 "남의 친속에 대한 존칭"이라고 밝히고 '영부인'

은 "남을 높여 그 부인을 이르는 말"이라고 풀이했다. 이러한 뜻풀이로 미루어 보면 '영부인'은 남편을 높이면서 그 아내도 함께 높이는 뜻이 있다. 이처럼 '영부인'은 대통령과는 상관없이 다른 사람의 아내를 높여 부를 때 쓰는 말이다. 보통 사람의 아내도 예우할 만한 상황에서는 모두 '영부인'으로 불러야 마땅하다. 자신이 예우해야 할 이의 아내를 지칭하여 '영부인께서는 안녕하신지요?' 하고 물을 수도 있고, '사장님 영부인께서 오셨습니다' 처럼 말할 수도 있다.

이 '令'은 '부인'에만 붙는 글자가 아니다. 남의 친인척 관계에 있는 사람 모두에 붙여 쓸 수 있다. 남의 아들은 영식(令息)이라고, 딸은 영애(令愛)라고 높여 부른다. 아버지는 영존(令尊)으로, 어머니는 영자(令慈)나 영모(令母)로, 할아버지는 영조(令祖)로, 형은 영형(令兄)으로, 아우는 영제(令弟)로, 손위 누이는 영자(令姊)로, 누이동생은 영매(令妹)로, 손자는 영손(令孫)으로, 조카는 영질(令姪)로 부른다. 숙부와 숙모는 영숙(令叔)이라고, 장인은 영악(令嶽)이라고, 사위는 영서(令壻)라고 한다. 이런 말들이 요즘은 사어화되었다고 봐야겠지만 '영식'과 '영애'만은 간혹 쓰인다. 특정인 삼 남매에게만 적용

되고 있다는 게 문제지만.

　　이처럼 '슈'은 특정인의 전유물이 아니다. 그리 오래 되지 않은 과거에는 초청장 등에 '동 영부인'이라는 문구를 써서 아내와 함께 오라는 뜻을 나타내기도 했다. 요즘은 이 말 대신 '부부 동반'이라고들 한다. 어찌 됐든 왕조 시대도 아닌 민주시대에 대통령의 아내만을 부르는 말이 필요하지도 않거니와 너와 나, 보통 사람 모두가 누릴 수 있는 경칭을 특정인에게만 적용하는 것은 옳지 않다. 대통령 아내의 호칭은 '대통령 부인 ○○○ 씨'만으로도 충분하지만 좀 더 정중하게 부르고 싶다면 성씨에 결혼한 여자를 높여 이르는 '여사(女史)'를 붙이면 된다.

㉮　필자는 고 박정희 대통령의 **영애◎** 와 **영식◎** 인 박근혜 **큰영애❌**, 박근영(당시 이름) **작은영애❌**, 박지만 **영식❌** 을 1974년부터 10·26 직후 1980년까지 치과 치료를 담당해 왔던 주치의였다.

㉯　10·26 사건이 터지자 당시 박근혜 **영애는** 청와대를 나와 서울 신당동 집으로 거처를 옮겼습니다. ❌

　　높임말이 발달한 우리 사회에서는 호칭어에 민감

하다. 그렇다고 무턱대고 높임말만 써서는 안 된다. 간혹 '이 사람이 제 부인입니다' 하는 식으로 표현하는데 이는 피해야 한다. 앞에서 살펴본 바와 같이 '부인'은 '남의 아내'를 높여 이를 때 쓰는 말이다. 자신의 아내를 남에게 이를 때는 '부인' 대신 '아내/처/안사람/집사람' 같은 말을 써야 바른 표현이 된다.

한편 '부인(婦*人)'은 높임의 의미 없이 단순히 '결혼한 여자'를 일컫는 말이다. '주부(主婦)/가정주부'와 비슷한 말이라고 하겠다. 상대의 아내를 높이는 의미로 칭하는 '부인'은 '夫人'이다.

---

*아내 부

# 고인 + 미망인/아내

未 아닐 미  亡 망할 망  人 사람 인

결혼했으나 남편을 여읜 여인을 '과부'라고 한다. 이런
여인을 높여 '미망인(未亡人)'이라고 하는 이가 많다.

그런데 '미망인'의 뜻은 무엇일까? '미(未)'는 '아니
다'를, '망(亡)'은 '망하다, 죽다'를 뜻하니 그야말로 '아
직 죽지 못한 사람'이다. 『춘추좌씨전』에 따르면 기원전
666년 초나라 문왕의 부인 식규가 전장에서 죽은 문왕
을 따라 죽지 못했다는 뜻으로 스스로를 낮추어 '미망인'
이라고 한 데서 이 말이 유래했다. 이런 유래를 안다면
남편을 잃은 아픔을 기억하는 여인에게 빨리 따라 죽으
라고 재촉이라도 하듯이 '미망인'이라고 하는 것은 크게
실례를 범하는 일이다.

'남편을 잃고 혼자 사는 여자'인 '과부'가 선입견이

341

없는 말이긴 하지만 여성들이 이를 탐탁지 않게 여기는 세태인 만큼 상황에 따라 '부인/아내/처/배우자' 등의 말을 적절히 가려 쓰는 것이 바람직하다. '고(故) ○○○의 부인/아내/처/배우자' '돌아가신 ○○○의 부인/아내/처/배우자'처럼. 물론 '대한민국 전몰군경 미망인회'라는 단체 이름처럼 당사자가 스스로를 '미망인'이라고 지칭하는 것은 우리 어법상 무방하겠지만 성 평등이 쟁점이 되는 시대엔 썩 바람직해 보이지 않는다.

㉮ 국가유공자 **미망인이자** 가평군 홍보대사인 늦깎이 트로트 가수 이가연이 메들리 음반을 발표했다. ✖

㉯ 괴산군은 매월 참전 유공자, 전몰 군경 유족, 참전 유공자 **미망인에게** 참전 유공자 명예수당을 지급하고 있다. ✖

# 조상 + 덕분/탓

德 큰 덕　分 나눌 분

이 책의 100꼭지 글 가운데 이 글 단 한 꼭지는 고유어를 잘못 쓴 예로써 풀어 나가려 한다.

㉮　코스피가 2750선을 돌파했다. 한 달 전만 해도 금리 인상 가능성까지 불거졌던 미국이 9월 인하 카드를 들 것이란 **기대감 탓**이다.

미국이 금리를 인하할 것이라는 기대감으로 코스피 지수가 상승했다는 뜻이다. 한국 경제에 적대감을 보이는 사람이 아니라면 누구라도 코스피 지수가 상승하기를 바랄 것이다. ㉮는 긍정의 시각으로 쓴 대목이다. 그런데 '기대감 탓'으로 표현했다. '탓'은 '부정적인 현상이 생겨난 까닭이나 원인'을 나타내는 말이다. '기대감'이라는 긍정의 느낌이 있는 말과는 어울릴 수 없는 말이다. '안되면 조상 탓'이라는 속담을 떠올리면 쉽게 이해할 수 있을 것이다.

어떤 사물에 힘입어 좋은 결과를 얻을 때는 '베풀어 준 은혜나 도움'을 뜻하는 '덕분(德分)'을 써야 한다. '선생님 덕분에 대학 생활을 무사히 마칠 수 있었습니다' '제가 잘된 것은 모두 형님 덕분입니다'처럼 쓴다. '덕분'은 '덕', '덕택'으로 대신할 수 있다.

㉯ 개인종합자산관리계좌(ISA)를 통한 채권 투자가 큰 폭으로 증가했다. 작년부터 ISA로 채권 투자가 가능해진 데다 고금리 및 금리 인하에 대한 기대가 맞물려 **채권으로 자금이 몰린 탓**이다.

㉯에서는 개인종합자산관리계좌로 채권에 투자하는 것이 바람직하지 않다면 '탓'이라고 해야 하지만 바람직하다면 '덕분'이라고 해야 한다. 추측건대 이러한 투자 성향으로 자금이 들어오게 된 쪽에서는 반가운 일일 테고 반대로 자금이 빠져나가게 된 쪽에서는 달갑지 않

은 일일 테다. 어느 한쪽의 시선으로 분석한다면 '탓'이든 '덕분'이든 그 시선에 맞춰 쓸 수 있다. 그게 아니라 중립의 시선으로 분석한다면 '때문' 같은 말을 써야 한다.

㉯ 코스피가 미국 물가지표 둔화로 금리 인하 기대감이 살아난 **덕분에** 2거래일 연속 상승하며 2750대로 올라섰다. ◎

㉰ 모두가 현찰을 너무나 좋아하는 **탓에** 해가 지나도 신용카드 **신장세는 영 시원찮아** 물 부족으로 시들시들한 나무 꼴이었다. ◎

㉱ 이런 방식 **덕분에** 영화는 영상미를 잃었지만 영화에서 보기 힘든 **생생한 현실을 보여 줄 수 있었다.** ◎

㉲ 부자가 그를 사윗감으로 받아들인 것도 그가 갖춘 조건들이 **흡족했던 탓이었다.** ✖

㉳ 혼혈의 **혜택을 입은 탓이었는지**✖ 그녀는 머리가 뛰어났고, 양아버지의 **훈육 덕이었는지**◎ 사업욕이 남자들을 능가했다.

## 나오는 말
## 우리말 공부의 원칙,
## 언뜻 보기 금지

오랜 망설임 끝에, 졸고를 마감한 뒤 이 꼭지를 덧붙인다. '금지(禁止)'라는 말의 용법에 맞지 않는 용례가 버젓이 쓰이게 된 데 필자도 한몫한 게 분명하므로 지금 이 순간에도 자괴감에서 벗어날 수 없기 때문이다.

표준국어대사전은 '금지'를 "법이나 규칙이나 명령 따위로 어떤 행위를 하지 못하도록 함"이라고 풀이했다. '금지 기간/금지 조항'처럼 쓸 때는 별문제가 없으나 금지하는 대상과 함께 쓰일 때는 그 대상이 되는 말이 '행위'를 나타내야 한다.

오래전, 그러니까 1997년이지 싶다. 그해 어느 날 한밤중 마감 시간에 임박해 외신 기사 한 꼭지가 들어왔다. 외국에서 열린 국제회의에서 채택된 국제 협약에 관한 것이다. 협약의 명칭은 'CONVENTION ON THE

PROHIBITION OF THE USE, STOCKPILING, PRODUC-
TION AND TRANSFER OF ANTI-PERSONNEL MINES
AND ON THEIR DESTRUCTION'이다. 이를 번역하자
면 아마 '대인지뢰의 사용, 비축, 생산, 이전의 금지 및 폐
기에 관한 협약'쯤이 될 것이다. 그런데 필자가 근무하
던 신문사의 국제부 기자는 이 협약의 이름을 '지뢰 금지
협약'이라고 번역하여 출고했다. 얼마나 간결한가. 여기
에서 고민이 시작되었다. 분초를 다투는 마감 시간에 잠
시 고민하였지만 해결책이 떠오르지 않았다. 어법상 분
명히 문제가 있지만 저 긴 협약의 이름을 단 여섯 글자로
축약했고, 그 여섯 글자가 언뜻 보아 문제없고, 이보다
더 확실하게 그 의미를 전달할 만한 방안이 있을까 싶으
니 어쩔 수 없었다. 굳이 변명하자면 불가항력이었다.

이후에도 한동안 깊이 고민하였지만 마땅한 대안을
찾지 못해 유야무야 넘기고 말았다.

고민한 이유는, 앞에서 밝혔지만 '금지' 앞에 행위
를 나타내는 말이 와야 하기 때문이다. 예컨대 특정 지역
을 다니지 말라고 할 때는 '통행 금지'라 하고, 드나들지
말라고 할 때는 '출입 금지'라 하고, 가까이 오지 말라고
할 때는 '접근 금지'라 하고, 담배를 피우지 말라고 할 때

는 '흡연 금지'라 한다. '통행/출입/접근/흡연'이 모두 행위를 나타낸다. 이처럼 행위를 대상으로 삼아야만 '금지'가 제대로 되는 것이다.

그런데 '지뢰 금지'에서 '지뢰'는 행위를 나타내는 말이 아니다. '지뢰 금지 협약'의 원래 명칭에 나오는 '사용/비축/생산/이전'은 모두 행위를 나타내는 말이니 이를 금지하는 것은 아무 문제가 없지만 이를 축약하면서 뭉뚱그려 '지뢰 금지'라고 하면서 문제가 불거진 것이다. 30년 가까운 세월이 지난 지금도 해결책을 찾지 못한 채 '지뢰 금지'라는 말을 듣고 보기만 해도 얼굴이 붉어진다. 마땅한 해결책도 제시하지 못하면서 다만 '금지'는 행위를 나타내는 말과 함께 써야 한다는 말만 되뇔 따름이다.

## 부록 1
## 겹말, 붙여 쓰면
## 뜻이 넘치는 말들

간결하게 말하고 쓰려면 중언부언하지 않는 것이 좋다. 그런 점에서 같은 뜻이 겹쳐서 쓰인 말, 즉 겹말은 되도록 피하는 것이 좋다. 겹말 가운데는 '초가집' '처갓집' '고목나무'처럼 표준어로 인정받은 낱말도 있다. 그런가 하면 '역전앞'처럼 '역전'의 잘못이라고 낙인찍힌 것도 있다. 개개의 낱말뿐 아니라 뜻이 같거나 비슷한 낱말 둘 이상으로 이루어진 표현도 많이 쓰인다. 때로는 어떤 사안을 강조하기 위하여 겹말 표현을 사용하기도 하므로 겹말을 써서는 안 된다고 몰아붙일 수는 없다. 그러나 꼭 필요한 때가 아니면 피하는 것이 바람직하다. 그런 의미에서 낱말이든, 구이든 간결한 말하기·글쓰기를 위해 피하면 좋을 것들을 모아 보았다.

**가장 최근(最近)**  '가장'은 '여럿 가운데 어느 것보다 정도가 높거나 세게'를, '최근'은 '거리 따위가 가장 가까움'을 뜻하므로 '최근'만으로 충분하다. 최강(最强)/최고(最古/最高)/최다(最多)/최단(最短)/최대(最大)/최상(最上)/최선(最善)/최소(最小/最少)/최신(最新)/최장(最長)/최저(最低)/최적(最適)/최종(最終)/최초(最初)/최하(最下)/최후(最後) 따위의 말도 마찬가지다.

**각(各) –별(別)**  '각'은 '낱낱의'를, ' – 별'은 '그것에 따른'을 뜻하므로 '각 –의' '–별'만으로 충분하다. '각'은 관형사이므로 뒷말과 띄어 쓰고, '–별'은 접사이므로 앞말에 붙여 쓴다. ㉠ 각 대학의/대학별. 각국의/국가별. 각 지역의/지역별.

**간단히(簡單–) 요약(要約)하다**  '간단히'는 '단순하고 간략히'를, '요약하다'는 '말이나 글의 요점을 잡아서 간추리다'를 뜻하므로 '간단히 –하다'나 '요약하다/간추리다'만으로 충분하다. ㉠ 간단히 설명하다/요약하여 설명하다/간추려 설명하다.

**거사(擧事)를 일으키다** '거사'가 '큰일을 일으킴'을 뜻하므로 '거사하다'만으로 충분하다.

**거의 대부분(大部分)** '거의'는 '한도에 매우 가까움'을, '대부분'은 '전체에 거의 가까움'을 뜻하므로 둘 가운데 하나만 쓰면 충분하다.

**결론(結論)을 맺다** '결론'이 '말이나 글의 끝을 맺음'을 뜻하므로 '결론을 내다'라고 하는 것이 바람직하다.

**경적(警笛) 소리** '경적'이 '주의나 경계를 하도록 울리는 소리'를 뜻하므로 '경적'만으로 충분하다.

**계속(繼續) 잇다(이어지다)** '계속'이 '끊이지 않고 이어짐'을 뜻하므로 '계속하다/계속되다/이어지다' 가운데 하나만 쓰면 충분하다.

**계약(契約)을 맺다** '계약'이 '약속을 맺음'을 뜻하므로 '계약하다'만으로 충분하다.

**고래(古來)로부터**  ‘래(來)’에 ‘부터’의 뜻이 있으므로 ‘예로부터/고래로’처럼 쓰면 충분하다.

**공사(工事)에 착공(着工)하다**  ‘착공’이 ‘공사를 시작함’을 뜻하므로 ‘착공하다/공사를 시작하다’처럼 바꾸는 것이 바람직하다.

**공정률(工程率)**  ‘공정’이 ‘일이 진척되는 과정이나 정도’를 나타내므로 ‘비율’을 나타내는 접사 ‘–률’은 필요치 않다.

**굉음(轟音) 소리**  ‘굉음’이 ‘몹시 요란하게 울리는 소리’를 뜻하므로 ‘굉음’만으로 충분하다.

**그때 당시(當時)**  ‘그때’와 ‘당시’는 모두 ‘앞에서 말한 그 시점’을 뜻하므로 둘 가운데 하나만 쓰면 충분하다.

**근(近) –세기/년/개월/주/일/시간 가까이**  ‘근(近)’이 ‘가까이’를 뜻하므로 ‘근’과 ‘가까이’ 가운데 하나만 쓰면 충분하다. ㉠10년 가까이/근 10년.

**기간(期間) 동안** '기간'이 '어느 때부터 다른 어느 때까지의 동안'을 뜻하므로 둘 가운데 하나만 쓰면 충분하다.

**난상토론(爛商討論)** '난상'이 '충분히 의논함. 또는 그런 의논'을 뜻하므로 '난상'만으로 충분하다.

**날조(捏造)된 조작(造作)/허위(虛僞)** '날조'와 '조작'은 모두 '거짓으로 꾸며 만듦'을, '허위'는 '진실이 아닌 것을 진실인 것처럼 꾸민 것'을 뜻하므로 셋 가운데 하나만 쓰면 충분하다.

**남은 여생(餘生)** '여생'이 '남은 생애'를 뜻하므로 '여생/남은 생애'처럼 쓸 수 있다.

**널리 보급(普及)하다** '보급'이 '널리 펴서 골고루 미치게 하여 누리게 함'을 뜻하므로 '보급하다'만으로 충분하다.

**넓은 광장(廣場)** '광장'이 '넓은 터'를 뜻하므로 '광장'만으로 충분하다.

**노래가사(歌詞)** '가사'가 '노랫말'을 뜻하므로 '가사'만으로 충분하다.

**놋주발(周鉢)** '주발'이 '놋쇠로 만든 밥그릇'이므로 '주발'만으로 충분하다. '놋주발'은 비표준어이다. '밥주발'은 겹말이기는 하나 표준어이다.

**다른 대안(代案)** '대안'은 '어떤 안을 대신하는 안'을 뜻하여 '다름'의 뜻을 포함하므로 '대안/다른 방안(方案)'으로 쓴다.

**더러운 누명(陋名)** '누명'은 '이름을 더럽히는 억울한 평판'을 뜻하므로 '누명'만으로 충분하다.

**뜨거운 열기(熱氣)** '열기'는 '뜨거운 기운'을 뜻하므로 '열기'만으로 충분하다.

**맡은바 소임(所任)** '소임'이 '맡은 바'를 뜻하므로 '맡은

바/소임' 가운데 하나만 쓰면 충분하다. 참고로 '맡은바'는 어간 '맡-'에 관련된 상황을 미리 제시하는 데 쓰는 어미 '-은바'가 붙은 구성이므로 붙여 쓴다. '맡은 바'는 '맡다'의 활용형 '맡은'이 '앞에서 말한 내용 그 자체나 일 따위를 나타내는 말'을 뜻하는 의존 명사 '바'를 수식하는 구(句)이므로 띄어 쓴다. '맡은바'에는 조사를 붙일 수 없으나 '맡은 바'는 '맡은 바가/맡은 바는/맡은 바를'처럼 '바'에 조사를 붙일 수 있다.

**맡은 임무(任務)** '임무'가 '맡은 일'을 뜻하므로 '임무/맡은 일' 가운데 하나로 쓰면 충분하다.

**매(每) -마다** '매'에 '마다'의 뜻이 있으므로 '매 -/-마다'처럼 쓰면 충분하다. ㉐ 매 분기/분기마다. 매 10일/10일마다. 매년/해마다. 매 5년/5년마다.

**먼저 선수(先手)를 치다** '선수'가 '남보다 먼저 하는 행동'을 뜻하므로 '선수를 치다'만으로 충분하다.

**면학(勉學)에 힘쓰다**  '면학'이 '학문에 힘씀'을 뜻하므로 '학업에 힘쓰다/면학하다'로 쓰면 충분하다.

**문전성시(門前成市)를 이루다**  '성시'가 '시장을 이룸'을 뜻하므로 '문전성시이다'만으로 충분하다.

**미리 예고(豫告)하다**  '예고'가 '미리 알림'을 뜻하므로 '미리 알리다/예고하다' 가운데 하나만 쓰면 충분하다.

**미리 예매(豫買)하다**  '예매'가 '미리 삼'을 뜻하므로 '미리 사다/예매하다' 가운데 하나만 쓰면 충분하다.

**미리 예매(豫賣)하다**  '예매'가 '미리 팖'을 뜻하므로 '미리 팔다/예매하다' 가운데 하나만 쓰면 충분하다.

**미리 예방(豫防)하다**  '예방'이 '미리 대처하여 막음'을 뜻하므로 '예방하다'만으로 충분하다.

**미리 예상(豫想)하다**  '예상'이 '미리 생각하여 둠'을 뜻하므로 '예상하다'만으로 충분하다.

**미리 예약(豫約)하다**  '예약'이 '미리 약속함'을 뜻하므로 '예약하다'만으로 충분하다.

**방금 전(方今前)**  '방금'이 '말하고 있는 시점보다 바로 조금 전(에)'을 뜻하므로 '방금/조금 전' 가운데 하나로 쓰면 충분하다.

**방치(放置)해 두다**  '방치'가 '내버려 둠'을 뜻하므로 '방치하다/놓아두다' 가운데 하나로 쓰면 충분하다.

**백발머리(白髮－)**  '발(髮)'이 '머리털'을 뜻하므로 '백발/흰머리' 가운데 하나로 쓰면 충분하다.

**백주(白晝) 대낮**  '백주'가 '대낮'을 뜻하므로 '백주/대낮' 가운데 하나만 쓰면 충분하다.

**범죄(犯罪)를 저지르다**  '범죄'가 '법규를 어기고 저지른 잘못'을 뜻하므로 '죄를 저지르다/범행하다' 가운데 하나로 쓰면 충분하다.

**복병(伏兵)이 숨어 있다** '복병'이 '적을 기습하기 위해 길목에 숨겨 놓은 병사'를 뜻하므로 '복병이 있다'만으로 충분하다.

**부채(負債)를 지다** '부채'가 '남에게 진 빚'을 뜻하므로 '부채를 안다/빚을 지다' 가운데 하나로 쓰면 충분하다.

**분명히(分明–) 명시(明示)하다** '명시'가 '분명하게 드러내 보임'을 뜻하므로 '뚜렷이 밝히다/명시하다/분명히 하다' 가운데 하나로 쓰면 충분하다.

**비명(悲鳴) 소리** '비명'은 '위급하거나 두려움을 느낄 때 내는 외마디 소리'를 뜻하므로 '비명'만으로 충분하다.

**산재(散在)해 있다** '산재'가 '여기저기 흩어져 있음'을 뜻하므로 '산재하다/흩어져 있다' 가운데 하나로 쓰면 충분하다.

**상호명(商號名)** '상호'가 '상점이나 기업 따위의 이름'을
뜻하므로 '상호'만으로 충분하다.

**생명(生命)이 위독(危篤)하다** '위독하다'가 '병으로 생
명이 위태롭다'를 뜻하므로 '위독하다'만으로 충분
하다.

**생신날(生辰－)** '辰'이 '날[日]'을 뜻하므로 '생신'이라고
만 한다.

**생일날(生日－)** '일(日)'이 '날'을 뜻하므로 '생일'이라고
만 한다.

**소득(所得)을 얻다** '소득'이 '일한 결과로 얻은 이익'을
뜻하므로 '이익을 얻다/소득이 생기다' 가운데 하나
로 쓰면 충분하다.

**수확(收穫)을 거두다** '수확'이 '익은 농작물을 거두어들

임'을 뜻하므로 '수확하다/농작물을 거두다' 가운데
하나로 쓰면 충분하다.


**순찰(巡察)을 돌다**  '순찰'이 '이곳저곳 돌아다니며 살핌'
을 뜻하므로 '순찰하다'만으로 충분하다.


**스스로 자각(自覺)하다**  '자각'이 '스스로 깨달음'을 뜻하
므로 '자각하다/스스로 깨닫다' 가운데 하나로 쓰면
충분하다.


**시끄러운 소음(騷音)**  '소음'이 '불쾌하고 시끄러운 소리'
를 뜻하므로 '시끄러운 소리/소음' 가운데 하나만
쓰면 충분하다.


**시범(示範)을 보이다**  '시범'이 '모범을 보임'을 뜻하므로
'시범하다/모범을 보이다' 가운데 하나만 쓰면 충분
하다.


**시정거리(視程－)**  '시정'이 '목표물을 명확하게 식별할
수 있는 최대 거리'를 뜻하므로 '시정'만으로 충분

하다. ㉎ 안개로 시정이 짧아 비행기가 뜨지 못했다.

**신음(呻吟) 소리**  '신음'이 '앓는 소리'이므로 '신음/앓는 소리' 가운데 하나로 쓰면 충분하다.

**아까 전(前)에**  '아까'가 '조금 전/조금 전에'를 뜻하므로 '아까'만으로 충분하다.

**아우성(−聲) 소리**  '아우성'이 '떠들썩하게 지르는 소리'를 뜻하므로 '아우성'만으로 충분하다.

**아직 미해결인(未解決−)**  '미해결'이 '아직 해결되지 못함'을 뜻하므로 '미해결인/아직 해결되지 못한' 가운데 하나로 쓰면 충분하다.

**얻은 소득(所得)**  '소득'이 '일한 결과로 얻은 이익'을 뜻하므로 '소득'만으로 충분하다.

**여가 시간(餘暇時間)**  '여가'가 '일이 없어 남는 시간'을 뜻하므로 '여가'만으로 충분하다.

**오랜 숙원(宿願)**  '숙원'이 '오래전부터 품어 온 염원'을 뜻하므로 '숙원'만으로 충분하다.

**우방국(友邦國)**  '방(邦)'이 '나라'를 나타내므로 '우방'만으로 충분하다.

**음모(陰謀)를 꾸미다**  '음모'가 '나쁜 목적으로 일을 꾸밈'을 뜻하므로 '음모하다'만으로 충분하다.

**이해타산(利害打算)을 따지다**  '타산'이 '자신에게 도움이 되는지를 따져 헤아림'을 뜻하므로 '이해타산하다/이해를 따지다' 가운데 하나로 쓰면 충분하다.

**이후(以後)부터**  '이후'가 '이제부터 뒤'를 뜻하므로 '이후/–부터' 가운데 하나만 쓰면 충분하다.

**인수(引受)받다**  '인수'가 '물건이나 권리를 건네받음'을 뜻하므로 '인수하다/건네받다' 가운데 하나로 쓰면 충분하다.

**입장(立場) 난처(難處)하다**  '입장'은 일본어 투의 낱말로서 우리말 '처지(處地)'에 해당하며, '난처'는 '처신(處身)하기 곤란함'을 뜻하므로 '난처하다'만으로 충분하다.

**자매결연(姉妹結緣)을 맺다**  '결연'이 '인연을 맺음'을 뜻하므로 '자매결연을 하다'라고 한다.

**조난(遭難)당하다**  '조난'이 '재난을 만남'을 뜻하므로 '조난하다'만으로 충분하다.

**준비(準備)를 갖추다**  '준비'가 '미리 마련하여 갖춤'을 뜻하므로 '준비하다'만으로 충분하다.

**진력(盡力)을 다하다**  '진력'은 '있는 힘을 다함'을 뜻하므로 '진력하다/전력(全力)을 다하다' 가운데 하나로 쓴다.

**출영(出迎) 나가다**  '출영'이 '마중 나감'을 뜻하므로 '출영하다/마중 나가다' 가운데 하나로 쓰면 충분하다.

**판이(判異)하게 다르다**  '판이하다'가 '아주 다르다'를 뜻하므로 '판이하다/매우 다르다' 가운데 하나로 쓰면 충분하다.

**푸른 신록(新綠)**  '신록'이 '새로 나온 잎의 푸른빛'을 뜻하므로 '신록'만으로 충분하다.

**피해(被害)를 입다**  '피해'가 '손해를 입음'을 뜻하므로 '피해를 보다/손해를 입다/손실을 입다/손실을 보다' 가운데 하나를 쓰는 것이 바람직하다.

**함께 동행(同行)하다**  '동행'이 '함께 길을 감'을 뜻하므로 '함께 가다/동행하다' 가운데 하나만 쓰면 충분하다.

**허송세월(虛送歲月)을 보내다**  '허송'이 '세월을 헛되이 보냄'을 뜻하므로 '허송세월하다/세월을 허송하다' 가운데 하나로 쓰면 충분하다.

**현안 문제(懸案問題)**  '현안'이 '아직 해결되지 않은 문제나 의안'을 뜻하므로 '현안'만으로 충분하다.

**회의(懷疑)를 품다** '회의'가 '의심을 품음'을 뜻하므로 '회의하다/의심을 품다' 가운데 하나로 쓰면 충분하다.

부록 2

시 작 전 자 가 테 스 트

다음 문제는 이 책에 수록된 우리말 단짝 표현으로 이루어져 있습니다. 문장 속 단짝 표현의 궁합이 맞으면 **◎**, 틀리면 **❌** 에 표시한 후 채점해 보세요.

1. 아무리 경쟁이라지만 그 **행동은 금도를 넘어섰다.** ◎ ❌

2. 민중의 **애환을 달래는 노래**가 울려 퍼졌다. ◎ ❌

3. 지원을 희망하는 분들은 민원실로 **방문 접수하십시오.** ◎ ❌

4. 진료비는 1번 **창구에서 수납하세요.** ◎ ❌

5. 식량 생산량이 줄면 국가의 **안위가 위태해진다.** ◎ ❌

6. 집값이 우리의 **존망을 위협하는** 상황까지 치솟았다. ◎ ❌

7. **난이도가 높은** 시험이었다. ⊙ ⊗

8. 그의 말은 **출마를 염두한** 발언이었다. ⊙ ⊗

9. 역사가 그 **사실을 증거하지** 않는가. ⊙ ⊗

10. 이 일은 큰 **노력을 필요로 한다**. ⊙ ⊗

11. 무려 **방어를 월척했어**. ⊙ ⊗

12. **운명을 달리했다**는 비보를 들었다. ⊙ ⊗

13. 그는 최근 **유명세를 얻은** 인물이다. ⊙ ⊗

14. 선생님께 **사사받고** 싶습니다. ⊙ ⊗

15. **지천에 핀** 진달래가 한눈에 들어왔다. ⊙ ⊗

16. 고생 끝에 좋은 **결실을 맺었다**. ⊙ ⊗

17. 진솔하고 **격의 없는 자리**를 만들어 보겠습니다. ⊙ ⊗

18. **이견을 좁히기**가 쉽지 않다. ⊙ ⊗

19. 이참에 **자문을 구하려고** 한다. ⊙ ⊗

20. 이번에야말로 **혼신을 다했다**. ⊙ ⊗

21. 오랜만의 대작으로 극장이 **만원사례를 이뤘다**. ⊙ ⊗

22. 불편을 끼쳐 **양해의 말씀**을 드립니다. ⊙ ⊗

23. 그들은 촉법소년에게 **폭력을 청부하는**
꼼수를 썼다. ⊙ ⊗

24. 그건 너무 **경우 없는 행동**이다. ⊙ ⊗

25. 와병 중이시라니 **유감을 표합니다**. ⊙ ⊗

26. 그건 **불문에 부쳐야** 할 문제야.　◎⊗

27. 다음 **시험에 다시 응시할** 거야.　◎⊗

28. 양쪽을 똑같이 보호해야 한다는 게 가장
**주목할 지점**이야.　◎⊗

29. 우리 지역 **안전망**이 더욱 **촘촘해질 전망이다.**　◎⊗

30. 여당은 이번 선거로 국민의 **평가를 받았다.**　◎⊗

31. 다시 만난 **기쁨이 여간 크지 않다.**　◎⊗

32. 우리 팀이 세계 선수권 **대회에서 2위에**
**등극했다.**　◎⊗

33. 부동산 **시장**은 올해 **역대급 침체를** 겪고 있다.　◎⊗

34. 집중력에 따라 **학업 성취도**는 월등히
**차이가 난다.**　◎⊗

35. 우리 팀 전원은 이달 말 사업 목표 달성을 위한
새로운 프로젝트에 **돌입할 계획**이다.　◎⊗

36. 그 아이는 **키가 굉장히 작다.**　◎⊗

37. 내년이 벌써 **참사 10주기다.**　◎⊗

38. 보고서 **제출**은 9일 **자정까지입니다.**　◎⊗

39. 그와 나는 호형호제할 **정도로 막연한 사이다.**　◎⊗

40. **선제 피해를 예방**하기 위한 방안이 필요하다.　◎⊗

41. 어린 시절 그가 **처음으로** 출전한 콩쿠르에서

우수상을 받은 건 꽤 **유명한 일화**다. Ⓞ Ⓧ

42. 고카페인 **피로 회복제**를 너무 많이 마시면
**부작용이 생길 수** 있다. Ⓞ Ⓧ

43. 축제가 한창인 **도시 한복판**에서 그야말로
**미식 대첩**이 열렸다. Ⓞ Ⓧ

44. 찬성 **의견**이 이미 **과반을** 넘었다. Ⓞ Ⓧ

45. **사업의 성패 여부**가 가장 큰 관심사다. Ⓞ Ⓧ

46. 준비 끝에 드디어 **대단원의 막을 올렸다**. Ⓞ Ⓧ

47. 감독의 이번 작전은 상대의 강점을 파악하지
못한 데서 비롯된 **완벽한 실수**였다. Ⓞ Ⓧ

48. 이번 경기의 2골은 모두 **수비 실책에서 나왔다**. Ⓞ Ⓧ

49. **실업난**이 사회 이슈가 된 지 오래다. Ⓞ Ⓧ

50. 협회는 2만 명에 달하는 **회원을 보유하고** 있다. Ⓞ Ⓧ

51. 14일 내린 **눈폭탄이 지역 양식장을 초토화했다**. Ⓞ Ⓧ

52. 신춘문예는 **문단의 등용문**이다. Ⓞ Ⓧ

53. **고요한 와중에** 새가 지저귀는 소리만 들렸다. Ⓞ Ⓧ

54. 그 집 막내아들이 그 동네 **소문난 재원**이다. Ⓞ Ⓧ

55. 조용했던 대회장에 화려한 옷차림의
**묘령의 남자**가 등장했다. Ⓞ Ⓧ

56. 3선인 그는 이번 원내대표 선거에 과감히

**출사표를 던졌다.** ⊙ ⊗

57. 그의 **탐욕은 두고두고 회자되고** 있다. ⊙ ⊗

58. **선생님의 선친께서는** 참으로 훌륭한

분이셨습니다. ⊙ ⊗

59. 돌아가신 이모님은 **고향 선영에 모셨습니다.** ⊙ ⊗

60. 그 친구 아버지가 지역 상인협회 회장을

**역임하고 계셔.** ⊙ ⊗

61. 임대아파트는 **저소득층의 남루한 집이라는**

**낙인**이 찍혀 버렸다. ⊙ ⊗

62. 이상 기온 탓에 올해는 포도가 사과보다

**세 배나 싸다.** ⊙ ⊗

63. 연금 개혁 지체 등으로 구제금융을 받은

그리스를 **타산지석으로 삼아야** 한다. ⊙ ⊗

64. **저렴한 수입산 돼지고기가** 대거 들어오면서

평균 외식비가 조금 낮아졌다. ⊙ ⊗

65. 통일부가 **납북자의 귀환**을 염원하는 상징물을

공개했다. ⊙ ⊗

66. 주가 하락으로 일론 머스크가 **세계 최고 갑부**

**지위**에서 밀려났다. ⊙ ⊗

67. 희귀식물인 덩굴옻나무 **집단 군락지가 새로**

**발견**됐습니다.  ⊙ ⊗

68. 게이샤 품종의 커피와 제주 구좌 당근즙,

액체질소가 만나 **새로운 커피가 탄생**했다.  ⊙ ⊗

69. 돌돔은 **좀처럼 잡기 어려운 생선**이다.  ⊙ ⊗

70. 올해 **석가탄신일**은 토요일이다.  ⊙ ⊗

71. 집이 엉망이라 **체면 불구하고** 다른 주재원들

집으로 드나들었다.  ⊙ ⊗

72. 최대 교역 시장인 중국을 배제하는 것은 우리

무역의 **절반을 결단내는** 셈이다.  ⊙ ⊗

73. 우리 지역은 인구 감소를 넘어 지역 소멸이라는

**절대절명의 위기에 처해** 있다.  ⊙ ⊗

74. 경기 전 그 선수의 **발언**으로 축구 팬들 사이에서

**큰 파장이 일었다.**  ⊙ ⊗

75. 창업하려고 상가를 임대한 **청년들에게 임대료를**

**지원하는 사업**이 추진된다.  ⊙ ⊗

76. 취임 이후 내내 이렇다할 실적을 보여 주지 못한

감독은 잦은 출장까지 지적받으며 **곤혹을 치렀다.**

⊙ ⊗

77. 자본시장법 위반 행위로는 **부정거래 행위와**

**시세조정**이 대표적이다.  ⊙ ⊗

78. **전쟁 이후** 이곳에 **피난민**이 몰려들어 **피난민촌**이
    형성되었다.  ⓞ ⓧ

79. 부정 거래 **대책을 강구하는** 세미나에서는
    **다양한 의론이 맞섰다.**  ⓞ ⓧ

80. 군청은 **산림자원을 보존**하고 특히 소나무
    재선충병 확산을 **막기 위한 조치**에 나섰다.  ⓞ ⓧ

81. 보건의료노조는 **의료 부문에서 종사하는 노동자**로
    구성돼 있다.  ⓞ ⓧ

82. 그는 그랜드슬램을 **연이어 터뜨리며** 데뷔 후
    첫 **연타석 홈런을 작렬했다.**  ⓞ ⓧ

83. 구청은 **사고 예방을 위해** 접근 금지 표식을
    **세우는** 등 안전 조치에 나섰다.  ⓞ ⓧ

84. 샤워 꼭지 필터는 **금새** 흙으로 **막혀** 버립니다.  ⓞ ⓧ

85. 어제 오후 울릉도를 찾은 **한 관광객**이
    봉래폭포에서 **쓰러져 병원으로 후송**됐다.  ⓞ ⓧ

86. **집에서 마약을 투약**한 50대 남성이 지난달 3일
    경찰에 붙잡혔다.  ⓞ ⓧ

87. 이날 김 씨는 낚시하던 아내를 뒤에서 미는 등
    **범행을 재현했다.**  ⓞ ⓧ

88. 푸바오가 떠나는 날에는 궂은 날씨에도

**수천여 명의 환송객이 운집했다.** ⓞ ⓧ

89. 모든 다선 의원을 **'노욕의 화신'으로 폄훼할**
    뜻은 없다. ⓞ ⓧ

90. 괴산군은 **매월 참전 유공자, 참전 유공자**
    **미망인**에게 유공자 **명예수당**을 지급한다. ⓞ ⓧ

91. 정보를 **가능한 많이 수집**하고 그 정보가 맞는지도
    확인해야 한다. ⓞ ⓧ

92. 그가 **갖춘 조건**들이 그나마 **흡족했던 탓**에
    이모부는 그를 사윗감으로 받아들였다. ⓞ ⓧ

【답】

1. ✘　2. ✘　3. ✘　4. ✘　5. ✘　6. ✘　7. ✘　8. ✘

9. ✘　10. ✘　11. ✘　12. ✘　13. ✘　14. ✘　15. ✘　16. ✘

17. ✘　18. ✘　19. ✘　20. ✘　21. ✘　22. ✘　23. ✘　24. ✘

25. ✘　26. ◎　27. ✘　28. ✘　29. ✘　30. ✘　31. ◎　32. ✘

33. ✘　34. ✘　35. ✘　36. ✘　37. ✘　38. ✘　39. ✘　40. ✘

41. ✘　42. ✘　43. ✘　44. ✘　45. ✘　46. ✘　47. ✘　48. ✘

49. ✘　50. ✘　51. ✘　52. ✘　53. ✘　54. ✘　55. ✘　56. ✘

57. ✘　58. ✘　59. ✘　60. ✘　61. ✘　62. ✘　63. ◎　64. ✘

65. ✘　66. ✘　67. ✘　68. ✘　69. ✘　70. ✘　71. ✘　72. ✘

73. ✘　74. ✘　75. ✘　76. ✘　77. ✘　78. ✘　79. ◎　80. ✘

81. ◎　82. ◎　83. ✘　84. ✘　85. ✘　86. ✘　87. ✘　88. ✘

89. ◎　90. ✘　91. ✘　92. ✘

# 참 고 문 헌

고려대학교 민족문화연구원 국어사전편찬실, 『고려대한국어대사전』(전3권, 고려대학교민족문화연구원, 2009)

국립국어원, 『표준국어대사전』(두산동아, 1999) 웹사전 포함.

금성출판사 편집부, 『훈민정음 국어사전』(금성출판사, 2004)

대한한사전편찬실, 『교학 대한한사전』(교학사, 1998)

연세대학교 언어정보개발연구원, 『연세 한국어사전』(두산동아, 2008)

김광해, 『비슷한말 반대말 사전』(낱말, 2000)

김민수, 『우리말 어원사전』(태학사, 1997)

김세중, 『품격 있는 글쓰기』(푸른길, 2017)

김언종, 『한자의 뿌리』(문학동네, 2001)

문국진·우에노 마사히코, 『한국의 시체 일본의 사체』(해바라기, 2003)

박유희·이경수·차재은·최경봉, 『쓰면서도 헷갈리는 우리말 오류 사전』(경당, 2003)

여규병,『긴가민가할 때 펼쳐 보는 바른 말 사전』(한울, 2010)

장진한,『한국인이면 반드시 알아야 할 신문 속 언어지식』(북코리
    아, 2019)

조항범,『좋은 글, 좋은 말을 위한 우리말 활용사전』(예담, 2005)

중앙일보 어문연구소 '우리말 바루기'팀,『한국어가 있다』(커뮤니
    케이션북스, 2005)

# 찾아보기

**우리말 궁합 사전**
**: 모르면 틀리는 한국어 단짝 표현 100**

2024년 7월 14일    초판 1쇄 발행

**지은이**
여규병

| **펴낸이** | **펴낸곳** | **등록** | |
|---|---|---|---|
| 조성웅 | 도서출판 유유 | 제406-2010-000032호(2010년 4월 2일) | |
| | **주소** | | |
| | 경기도 파주시 돌곶이길 180-38, 2층 (우편번호 10881) | | |

| **전화** | **팩스** | **홈페이지** | **전자우편** |
|---|---|---|---|
| 031-946-6869 | 0303-3444-4645 | uupress.co.kr | uupress@gmail.com |
| | **페이스북** | **트위터** | **인스타그램** |
| | facebook.com /uupress | twitter.com /uu_press | instagram.com /uupress |

| **편집** | **디자인** | **조판** | **마케팅** |
|---|---|---|---|
| 사공영, 김정희 | 이기준 | 정은정 | 전민영 |

| **제작** | **인쇄** | **제책** | **물류** |
|---|---|---|---|
| 제이오 | (주)민언프린텍 | 다온바인텍 | 책과일터 |

ISBN 979-11-6770-094-0 03710

* 이 책은 관훈클럽정신영기금의 도움을 받아 저술 · 출판되었습니다.